영작의 기술

발행일	2017년 7월 20일
지은이	이 호 원
펴낸이	손 형 국
펴낸곳	(주)북랩
편집인	선일영
편집	이종무, 권혁신, 이소현, 송재병, 최예은
디자인	이현수, 이정아, 김민하, 한수희
제작	박기성, 황동현, 구성우
마케팅	김회란, 박진관, 김한결
출판등록	2004. 12. 1(제2012-000051호)
주소	서울시 금천구 가산디지털 1로 168, 우림라이온스밸리 B동 B113, 114호
홈페이지	www.book.co.kr
전화번호	(02)2026-5777
팩스	(02)2026-5747

ISBN   979-11-5987-690-5 13740(종이책)   979-11-5987-691-2 15740(전자책)

잘못된 책은 구입한 곳에서 교환해드립니다.
이 책은 저작권법에 따라 보호받는 저작물이므로 무단 전재와 복제를 금합니다.

이 도서의 국립중앙도서관 출판예정도서목록(CIP)은 서지정보유통지원시스템 홈페이지(http://seoji.nl.go.kr)와 국가자료공동목록시스템(http://www.nl.go.kr/kolisnet)에서 이용하실 수 있습니다.
(CIP제어번호 : CIP2017017262)

(주)북랩 성공출판의 파트너
북랩 홈페이지와 패밀리 사이트에서 다양한 출판 솔루션을 만나 보세요!

홈페이지 book.co.kr • 블로그 blog.naver.com/essaybook • 원고모집 book@book.co.kr

영작의 기술

이호원 지음

ALL FOR ENGLISH WRITING BASIC

북랩 book Lab

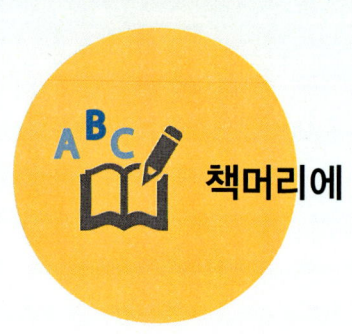

책머리에

한국에서 영어를 가르쳐 본 사람이라면 누구나 해봤을 고민, '왜 들인 시간만큼 성과가 나오지 않을까?' 로부터 이 책은 시작되었다. 또한, 영어라는 언어로서의 본질을 왜곡한 채, 비효율적인 학습이 만연한 영어 교육환경에 대한 회의감이 이 책에 영감을 주었다.

이 책은 영어와 한국어의 각각의 언어적 특성과 차이점을 이해하고, 표현하고자 하는 바를 정확하게 영어로 쓰면서 익히도록 도움을 주고자 개발되었다. 또한, 앞서 있었던 수많은 영작문 저자들의 노력이 왜 실패했는지를 이해하고 그러한 원인들을 최대한 수정하려고 노력하였다.

책의 구성순서는 기본적으로 우리가 알아야 할 단순하지만 중요한 틀을 먼저 완성한 뒤에, 점점 복잡해지는 다양한 표현들을 학습하게 짜여져 있으며, 앞서 배웠던 내용들은 뒤에서 배우는 내용에서 계속 누적되어 반복해서 학습할 수 있도록 짜여져 있다.

학습자들은 반드시 동영상강의를 참고해서, 이 책을 끝까지 익히길 바란다.

이 책 한 권만 제대로 끝낸다면, 문법과 영작에 자신감을 갖게 될 것이고, 영어를 학습하는 본인의 목적에 따라서 다음 학습을 아무런 문제 없이 이어나갈 수 있을 것이다.

영어를 필요로 하는 모든 사람들- 학생, 직장인, 이민을 준비하는 사람들 -이 영어를 쉽고 효과적으로 익힐 수 있도록 이 책이 조금이나마 도움이 된다면 감사할 따름이다.

저자 이호원

'영작의 기술' 만의 특징 7가지

1. 모든 문법을 직접 손으로 써보면서 익힐 수 있다.

문법을 설명과 문제로만 익히는 한계를 극복하고, 본인이 직접 손으로 써 봄으로써 완벽하게 문법을 익히고 그에 대한 자신감을 가질 수 있다.

2. 다른 책에서는 다루지 않았던 꼭 필요한 부분들을 영작해 볼 수 있다.

저자가 10년 넘게 현장강의에서 학생들에게 영작을 가르치면서 얻은 노하우를 통해 학생들에게 꼭 필요하지만 다른 책에서는 간과했던 내용들을 영작할 수 있다.

3. 앞서 배운 내용은 뒤에서 누적되어 반복학습할 수 있다.

한 chapter가 끝나도 그 내용을 뒤 chapter에서 반복해서 누적학습할 수 있도록 구성하였다.

4. 연습할 수 있는 영작의 양이 방대하다.

총 1000여개의 구문 영작을 통해서 영작에 필요한 문법의 기초를 확실히 다질 수 있다.

5. 참고할 수 있는 단어를 풍부하게 적어놓았다.

각 구문 영작에 필요한 단어들을 구문 옆에 표시하여 영작의 틀을 잡는데만 집중할 수 있다.

6. 모범답안에서 문장이 완성되는 순서를 확인할 수 있다.

답안에서는 단순히 완성된 문장만 보여주는 것이 아니고, 칸을 나누어 놓아 문장이 어떻게 완성되는 지를 이해할 수 있도록 하였다.

7. 저자가 직접 강의하는 동영상 강의와 함께 학습할 수 있다.

무료 동영상 강의를 유튜브에서 함께 학습해 나갈 수 있다.

이 책의 활용방법 (교재)

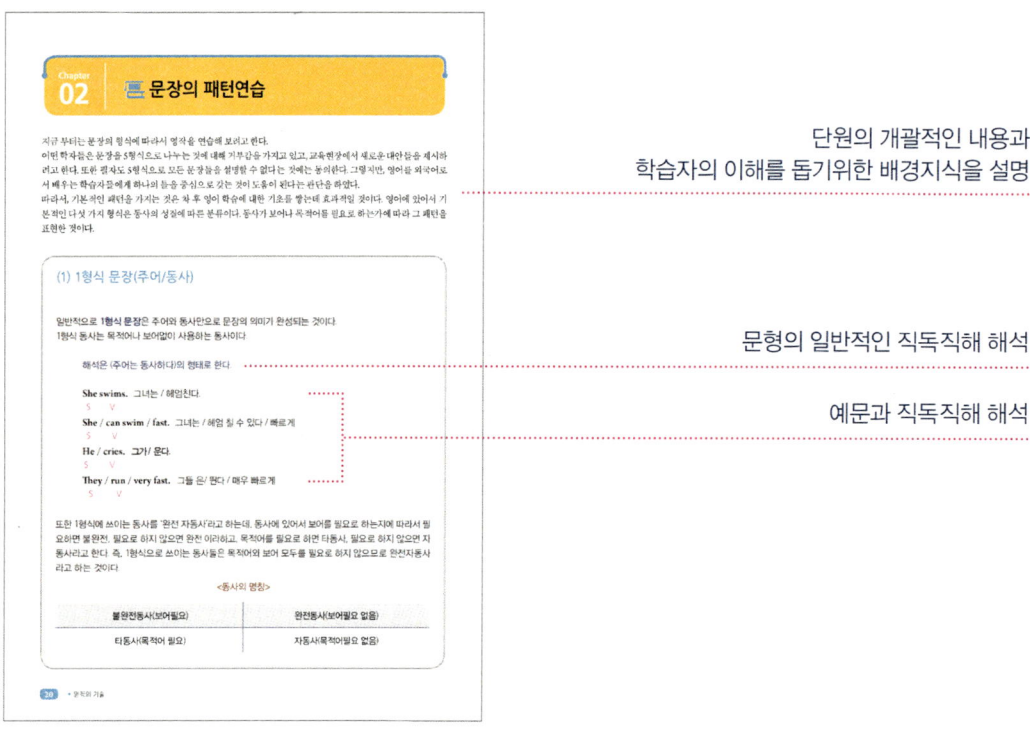

단원의 개괄적인 내용과
학습자의 이해를 돕기위한 배경지식을 설명

문형의 일반적인 직독직해 해석

예문과 직독직해 해석

영어의 어순에 맞춘 한글문제 표기

학습자가 영작에만 전념하도록
풍부한 어휘제공

이 책의 활용방법 (모범답안)

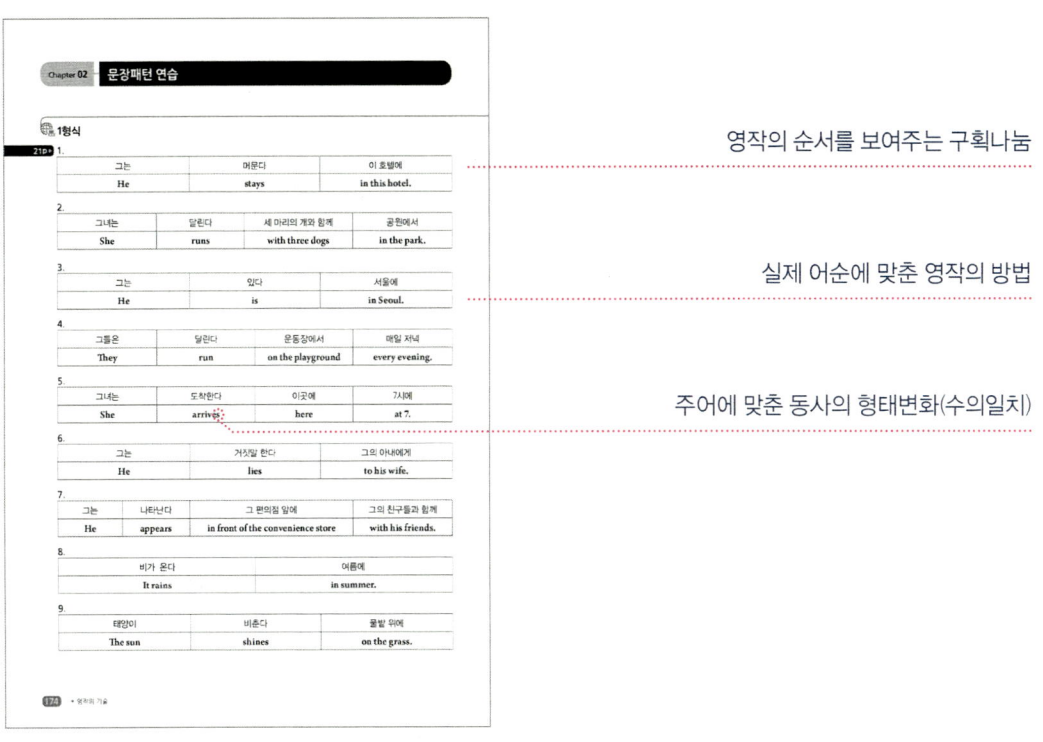

- 영작의 순서를 보여주는 구획나눔
- 실제 어순에 맞춘 영작의 방법
- 주어에 맞춘 동사의 형태변화(수의일치)

이 책의 활용방법 (동영상 강의)

영작의 기술에서는 책 내용만으로 독학하는데 무리가 있는 학습자를 위해 동영상강의가 제공됩니다. 동영상강의는 유튜브에서 무료로 제공됩니다. 동영상강의에서는 글로 표현하기에 한계가 있던 부분들을 저자의 설명과 함께 더욱 자세하게 학습할 수 있습니다.

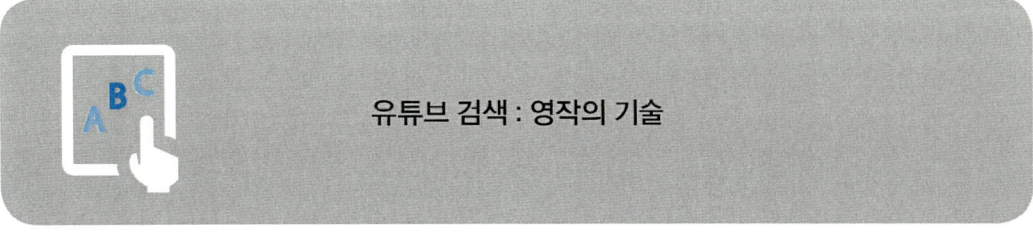

유튜브 검색 : 영작의 기술

CONTENTS

책머리에	04
'영작의 기술'만의 특징 7가지	05
이 책의 활용방법	06
영작 시작 전 알아두기	10

Chapter 01 be동사와 일반동사의 이해   16

Chapter 02 문장의 패턴연습   20

- 1형식 문장 20
- 2형식 문장 22
- 3형식 문장 24
- 3형식 that절 사용 26
- 4형식 문장 28
- 5형식 문장 32

Chapter 03 문장의 종류   38

- 의문문과 부정문 38
- 감탄문 43
- 명령문 44

Chapter 04 동사의 시제   46

- 과거시제 46
- 진행시제 56
- 미래시제 62
- 현재완료시제 66
- 그 밖의 시간표현들 70

Chapter 05 조동사   74

- 조동사의 특징 74
- 조동사 + have p.p의 특별한 의미 80
- 조동사와 결합하는 동사의 기본형들 80

Chapter 06 수동태   86

- 능동태와 수동태의 시제 86
- 능동태 문장을 수동태로 만드는 방법 87
- 3, 4, 5형식 문장의 수동태 88
- 준동사 (Verbals) 96

Chapter 07 to부정사   98

- to부정사의 의미 98
- to부정사 영작과 해석에서 주의해야 할 점 98
- to부정사의 일반적인 쓰임들 99
- 가주어 it / 진주어 toV 104

의미상 주어	104
too~toV	109
~enough toV	109
be동사 + toV	110
to부정사의 다양한 형태	110

Chapter 08 분사　112

Chapter 09 동명사　118

동명사의 관용적 표현들	120
having p.p : ~했던 것	121
being p.p : ~던 것	122
의미상 주어	122
not Ving : ~하지 않는 것	122

Chapter 10 관계대명사　124

관계대명사의 종류와 활용	125
관계대명사 that	127
관계대명사 what	139
전치사 + 관계대명사	141
comma(,) + 관계대명사	141

Chapter 11 관계부사　146

Chapter 12 복합관계대명사 / 복합관계부사　150

복합관계대명사	150
복합관계부사	151

Chapter 13 접속사　154

등위접속사	154
종속접속사	155
상관접속사	156
분사구문	158

Chapter 14 가정법　164

가정법 과거	164
가정법 과거완료	164
가정법 미래와 현재	165
wish를 사용한 표현	165
as if를 사용한 표현	166

정답지　169

🔍 영작 시작 전 알아두기

영어의 서술어로 쓰이는 동사는 크게 be동사와 일반동사로 나뉜다.

1. be동사는 원형이 [be]이다.

✏️ be동사의 형태

과거형 : was / were
현재형: am / are / is

be동사는 주어에 따라서 그 형태를 맞추어 주어야 한다.

**I am a teacher.   You are my friend.   He is very smart.   They are so beautiful.
It was so hard.   They were good friends.   She was young then.**

현재형	과거형
I 에는 am you 에는 are 모든 복수주어에는 are (people, they, cousins, balls 등) I 와 you를 제외한 모든 단수주어에는 is (she, he, it, that, this, the river 등)	모든 단수주어에는 was you와 모든 복수주어에는 were

✏️ be동사의 의미

1) 상태를 표현

하늘이 **파랗다**.   The sky is blue.
그녀는 **예쁘다**.   She is pretty.
그는 **화났다**.   He is angry.

※ 우리나라 말에서는 형용사만 사용해도 서술어가 되지만, 영어에서는 형용사 혼자서는 서술어를 이룰 수 없다.
be동사나 일반동사가 반드시 형용사와 함께 서술어를 이루어야 한다. 이것이 be동사와 일반동사를 이해하는 가장 중요한 내용이다.

2) ~이다

I am Tom. 나는 Tom 이다.
She is a dentist. 그녀는 치과의사이다.
You are a soccer player. 너는 축구선수이다.

3) ~에 있다

I was in Jeju island last night. 나는 어젯밤에 제주도에 있었다.
She is in Suwon. 그녀는 수원에 있다.

2. 일반동사에서는 현재형 3인칭 단수동사에만 -(e)s를 붙인다.

She loves the dog. They have a car.
She studies math. He plays soccer.
He goes to school.

🖊 3인칭 단수주어에 대한 현재형 동사에 (e)s 붙이기

1) 대부분의 일반동사 (이 목록 이후에 나오는 동사에 속하지 않는 동사)

동사의 기본형 +s
run → runs   come → comes   drink → drinks ...

2) 발음이 [ʃ], [tʃ], [s] 로 끝나는 일반동사들 (단어상으로는 -s, -ch, -sh 등)

동사의 기본형 +es
teach → teaches   wash → washes   catch → catches   pass → passes ...

3) 자음+y로 끝나는 동사들

y → i +es
cry → cries   study → studies   carry → carries ...

※ play → plays, stay → stays, say → says (자음+y가 아니므로)

4) go → goes, do → does, have → has

3. 토씨 (조사)

그녀는 나를 사랑한다.	She loves me.
그녀의 책은 매우 흥미롭다.	Her book is very interesting.
나의 가방은 작다.	My bag is small.

※ 위 내용과 같이 우리나라말은 명사나 대명사 뒤에 토씨를 붙여주어 주어(은/는/이가), 소유격(~의), 목적어 (을/를/에게)를 만들지만 영어에서는 대명사의 경우 모양이 변하고, 명사는 위치(주어, 목적어, 보어)에 따라 그 기능을 하기 때문에 영어에서는 다른 표현이 오지 않아도, 우리말로 해석할 때는 토씨가 있는 것으로 간주해야 한다.

✏ 인칭대명사표

	주격(주어자리) -은/는/이/가	소유격 -의	목적격(목적어자리) -을/를/에게	소유대명사(소유격+명사) -의 것
1인칭단수	I	my	me	mine
1인칭복수	we	our	us	ours
2인칭 (단수복수)	you	your	you	yours
3인칭 남자단수	he	his	him	his
3인칭 여자단수	she	her	her	hers
3인칭 복수	they	their	them	theirs
3인칭 사물단수	it	its	it	없음

4. 관사

영어에는 우리나라말에는 없는 관사(갓을 쓰듯이 '명사 앞에 씌우다'는 의미)라는 것이 있다. 관사는 명사 앞에 오는 것으로서, 기본적으로는 명사를 꾸며주는 형용사의 역할을 한다.
일반적인 명사(보통명사)의 경우에 명사가 단수로 쓰인다면, 다른 형용사가 오지 않을 때에는 반드시 부정관사(a or an)나 정관사(the)를 명사 앞에 써주어야 한다.

관사의 종류

부정관사(不定冠詞) **indefinite article**   정해지지 않은 관사 : **a/an**
정관사(定冠詞) **definite article**   정해놓은 관사 : **the**

(1) 부정관사 a/an

부정관사는 그 이름에서 볼 수 있듯이 정해지지 않은 아무거나 하나를 의미한다.

명사의 첫 발음(철자가 아님)이 모음([a] ,[e], [i] ,[o], [u], [ʌ], [ɛ], [æ])일 경우엔 **an**을 사용하고, 모음이 아닐 경우에는 **a**를 사용한다.

① I saw **a** boy.   (세상에 있는 많은 소년들 중에 한 명)
② I saw **an** elephant.   (세상에 있는 많은 코끼리 중에 한 마리)
③ I need **an** umbrella.   (세상에 있는 많은 우산중 하나)

※ an university (x)   a university(o)   비록 철자는 'u'로 시작되더라도 발음이 university [jùːnəvə́ːrsəti] 이므로 관사 'a'를 써줘야 한다. 반면에 an hour의 경우는 철자는 'h'로 시작되지만 발음은 hour [áuər]로 소리 나므로 'an'을 써줘야 하는 것이다.

형용사가 명사를 수식할 때, 부정관사는 형용사의 첫 글자 발음에 따라서 a/an을 결정해 준다.

④ She has **an** honest friend.   honest [ɑ́nist]
⑤ It's **a** useful device.   useful [júːsfəl]
⑥ English is **a** universal language. universal [jùːnəvə́ːrsəl]

(2) 정관사 the

정관사 the는 특정한 것을 지칭할 때 사용한다. 일반적으로 쓰임은 다음과 같다.

1) 앞에 나온 대상을 지칭할 때

① A man is waiting for you.　　② The man has a great suitcase.

① 에서는 어떤 한 남자를 의미하고 ② 에서는 ① 에서 언급한 그 남자를 의미한다.

2) 서로가 알고 있는 것을 말할 때

③ I work in the school.　　④ The president will come to our town.

③ 에서 만일 마을에 학교가 하나밖에 없거나, 이미 서로가 그 학교에 대해서 알고 있다면 the를 쓸 수 있고, ④ 에서는 우리나라에 대통령이 한 명밖에 없는 것을 서로가 알고 있기때문에 the를 쓸 수 있다.

3) 유일한 것을 언급할 때

⑤ The sun shines on the grass.　　⑥ The earth is our home.

✏ the를 사용하지 않는 표현들

be 혹은 go를 사용하는 관용적 표현	We'll go by train. He must be in school.
계절	In spring, we like to clean the house.
기관	He's in church / college / jail / class.
식사	Breakfast was delicious. He's preparing dinner by himself.
질병	He's dying of pneumonia. Appendictis nearly killed him. She has cancer.
하루 중 시간	We traveled mostly by night. We'll be there around midnight.

※ 하루의 시간을 나타내는 표현 중에 in the morning(아침에), in the afternoon(오후에) 도 있는데, 그것들에는 the를 쓰므로 주의하자. 관용적 표현이 나올 때 마다 알아두는 것이 가장 좋은 방법이다. 여러 가지 규칙을 적용하는 것보다는 표현 그 자체와 쓰임을 알아두는 것이 가장 현명한 방법일 것이다.

Chapter 01

be동사와 일반동사의 이해

Chapter 01 — be동사와 일반동사의 이해

1. 그들의 강아지들은 / 매우 귀엽다

   puppies 강아지들 cute 귀여운

2. 나는 / 사랑한다 / 그를 / 매우 많이

   love 사랑하다

3. 그는 / 마신다 / 한 잔의 우유를 / 매일 아침

   drink [drinks] 마시다
   every morning 매일 아침
   a glass of milk 한 잔의 우유

4. 그녀는 / 선생님이다

   a teacher 선생님

5. 그의 어머니는 / 기다린다 / 그를 / 집 앞 에서 / 매일 저녁

   mother 어머니 wait for 기다리다
   in front of the house 집 앞에서
   every evening 매일 저녁

6. 많은 남자들은 / 기억한다 / 그녀의 남동생들을

   many 많은 men 남자들
   remember 기억하다 brothers 남동생들

7. 그녀는 / 가지고 있다 / 많은 사진들을

   have [has] 가지다 photos 사진들

8. 우리의 컴퓨터들은 / 매우 좋다

   computers 컴퓨터들 good 좋은

9. 이 방에 있는 것들은 / 우리의 것이다

   things in this room 이 방의 것들
   ours 우리의 것

10. 그녀는 / 학교에 간다 / 매일 아침 / 7시에

    go[goes] to school 학교에 가다
    every morning 매일 아침
    at 7 일곱 시에

11. 그는 / 알고 있다 / 그녀의 비밀에 대해

    know[knows] about ~에 대해 알다
    secret 비밀

12. Tom은 / 쓴다 / 많은 편지들을

    write[writes] 쓰다
    many letters 많은 편지들

13. 그의 고양이는 / 가지고 있다 / 네 개의 발을

    cat 고양이 four legs 네 개의 발

14. 그의 강아지는 / 가지고 있다 / 짧은 꼬리를

puppy 강아지 short 짧은
tail 꼬리

15. 그는 / 사랑한다 / 그녀의 아름다운 눈들을

beautiful 아름다운 eyes 눈들

16. 우리의 차들은 / 매우 편리하다

car 차들 convenient 편리한

17. 그녀는 / 걸어서 간다 학교에 / 매일

walk[walks] to school
걸어서 학교에 가다

18. 이 집안에 있는 의자들은 / 매우 오래되었다

chairs in this house
이 집안에 있는 의자들
old 오래된

19. 그의 이름은 / 너무 길다

name 이름 long 긴

20. 그들은 / 도와준다 / 그녀의 어머니를 / 들판에서

help[helps] 도와주다
on the field 들판에서

21. 그들은 / 야구를 한다 / 운동장에서 / 매일 오후에

play baseball 야구를 하다
on the play ground 운동장에서
every afternoon 매일 오후에

22. 너는 / 원한다 / 그들의 사랑을

want 원하다

23. 그는 / 받는다 / 100달러를 / 매달 말에

receive[receives] 받다
at the end of every month 매달 말에

24. 그들의 친구들은 / 지금 서울에 있다

now 지금 in Seoul 서울에

25. 맛있는 피자가 있다 / 책상위에

there is[are] ~이 있다
delicious 맛있는 pizza 피자
on the desk 책상위에

26. 돼지 세 마리가 있다 / 의자 아래에

there is[are] ~이 있다 pigs 돼지들
under the chair 의자 아래

27. 그녀는 / 쓴다 / 세 통의 편지를 / 일주일에

three letters 세 통의 편지들
a week 일주일에

28. 그녀는 / 돌본다 / 그녀의 아이들을 / 매일

take care of 돌보다
her children 그녀의 아이들

29. 그는 / 그린다 / 많은 그림들을 / 그의 화실에서

draw[draws] 그리다
many paintings 많은 그림들
in his studio 그의 화실에서

30. 우리는 / 실망스럽다 / 그의 행동에

be disappointed with ~에 실망하다
behavior 행동

31. 그는 / 배운다 / 우리의 역사에 대해

learn about ~에 대해 배우다
history 역사

32. 우리의 차는 / 매우 빠르다 / 도로 위에서

on the road 도로 위에서

33. 그 집의 창문은 / 매우 크다

the window of the house 그 집의 창문
big 큰

34. 그것은 / 빨간 사과이다

it 그것은   a red apple 빨간 사과

35. 그녀의 생각은 / 너무 이상하다

idea 생각   too 너무   strange 이상한

36. 그녀는 / 알고 있다 / 그의 성공에 대해

know about ~에 대해 알다
success 성공

37. 그 계획은 / 성공적이다

the plan 그 계획
successful 성공적인

38. 내 어머니의 일기장은 / 매우 화려하다

diary 일기장   colorful 화려한

39. 그들은 / 도와준다 / 그들의 부모님을 / 집안에서

parents 부모님
in the house 집안에서

40. 그는 / 옮긴다 / 많은 박스들을

carry[carries] 옮기다
many boxes 많은 박스들

41. 성진이는 / 매우 잘생겼다

Sungjin 성진   handsome 잘생긴

Chapter 02

문장의 패턴연습

Chapter 02 : 문장의 패턴연습

지금 부터는 문장의 형식에 따라서 영작을 연습해 보려고 한다.

어떤 학자들은 문장을 5형식으로 나누는 것에 대해 거부감을 가지고 있고, 교육현장에서 새로운 대안들을 제시하려고 한다. 또한 필자도 5형식으로 모든 문장들을 설명할 수 없다는 것에는 동의한다. 그렇지만, 영어를 외국어로서 배우는 학습자들에게 하나의 틀을 중심으로 갖는 것이 도움이 된다는 판단을 하였다.

따라서, 기본적인 패턴을 가지는 것은 차 후 영어 학습에 대한 기초를 쌓는데 효과적일 것이다. 영어에 있어서 기본적인 다섯 가지 형식은 동사의 성질에 따른 분류이다. 동사가 보어나 목적어를 필요로 하는가에 따라 그 패턴을 표현한 것이다.

1. 1형식 문장(주어/동사)

일반적으로 **1형식 문장**은 주어와 동사만으로 문장의 의미가 완성되는 것이다.
1형식 동사는 목적어나 보어없이 사용하는 동사이다.

> 해석은 (주어는 동사하다)의 형태로 한다.

She swims. 그녀는 / 헤엄친다.
S   V

She / can swim / fast. 그녀는 / 헤엄 칠 수 있다 / 빠르게
S   V

He / cries. 그가 / 운다.
S   V

They / run / very fast. 그들은 / 뛴다 / 매우 빠르게
S   V

또한 1형식에 쓰이는 동사를 '완전 자동사'라고 하는데, 동사에 있어서 보어를 필요로 하는지에 따라서 필요하면 불완전, 필요로 하지 않으면 완전 이라하고, 목적어를 필요로 하면 타동사, 필요로 하지 않으면 자동사라고 한다. 즉, 1형식으로 쓰이는 동사들은 목적어와 보어 모두를 필요로 하지 않으므로 완전자동사라고 하는 것이다.

<동사의 명칭>

불완전동사(보어필요)	완전동사(보어필요 없음)
타동사(목적어 필요)	자동사(목적어필요 없음)

1형식

1. 그는 / 머문다 / 이 호텔에

   stay[stays] 머물다
   in this hotel 이 호텔에

2. 그녀는 / 달린다 / 세 마리의 개와 함께 / 공원에서

   with three dogs 세 마리의 개와 함께
   in the park 공원에서

3. 그는 / 있다 / 서울에

   in Seoul 서울에

4. 그들은 / 달린다 / 운동장에서 / 매일 저녁

   on the playground 운동장에서
   every evening 매일 저녁

5. 그녀는 / 도착한다 / 이곳에 / 7시에

   arrive[arrives] 도착하다
   here 이곳에   at 7 일곱 시에

6. 그는 / 거짓말 한다 / 그의 아내에게

   lie[lies] 거짓말하다
   to his wife 그의 아내에게

7. 그는 / 나타난다 / 그 편의점 앞에 / 그의 친구들과 함께

   appear[appears] 나타나다
   in front of ~앞에
   convenience store 편의점

8. 비가 온다 / 여름에

   it rains 비가 오다
   in summer 여름에

9. 태양이 / 비춘다 / 풀밭 위에

   the sun 태양   shine 비추다
   on the grass 풀밭 위에

10. 그녀는 / 산다 / 그녀의 가족들과 함께 / 언덕 너머의 집에서

    in the house over the hill
    언덕 너머의 집에서

11. 건조한 나무들은 / 잘 탄다

    dry 건조한   trees 나무들
    burn 타다

12. 이상한 일들이 / 일어난다 / 이 세상에

    strange things 이상한 일들
    happen 일어나다
    in this world 이 세상에

13. 그녀의 친구는 / 위험에 처해있다

    be in danger 위험에 처하다

2. 2형식 문장(주어/동사/보어)

2형식 문장은 주어, 동사, 그리고 주어에 대한 보어(주격보어)로 이루어진 문장이다.
대부분의 문장은 be동사가 동사의 기능을 담당하는 문장이며, 상태를 나타내는 동사의 경우가 2형식이라고 할 수 있다.

해석은 (주어는 / 보어하다, 보어이다, 보어 상태이다)의 형태로 한다.

She / is a doctor.   그녀는 / 의사이다
 S   V   C

I / am happy.   나는 / 행복하다
S   V   C

They / look beautiful.   그들은 / 아름다워 보인다.
 S   V   C

She / became a doctor.   그녀는 / 의사가 되었다.
 S   V   C

위에서 보면 알 수 있듯이, 주어에 대한 보어(주격보어)는 명사와 형용사가 담당한다.
동사만으로는 의미가 충분하지 않으므로 반드시 보어를 동사와 함께 덩어리로 해석하고 영작한다

2형식

1. 그는 / 선생님이다 / 이 학교에   in this school 이 학교에

2. 그는 / 행복해 보인다   look[looks] happy 행복해 보이다

3. 그는 / 편안함을 유지한다   stay 유지하다   relaxed 편안한

4. 그 장소는 / 매우 깊고 위험하다   the place 그 장소   deep 깊은
    dangerous 위험한

5. 그의 딸은 / 매우 영리하고 귀엽다   daughter 딸   clever 영리한
    cute 귀여운

6. 그 소파는 / 매우 비싸다   the sofa 그 소파   expensive 비싼

7. 그녀는 / 그녀의 오빠만큼 키가 크다   as tall as ~만큼 키가 큰

8. 그녀의 어머니는 / 그녀보다 더 아름답다   more beautiful than
    ~보다 더 아름다운

9. 그는 / 가장 인기 있는 축구선수들 중에 한 명이다   one of the most popular soccer players
    가장 인기 있는 축구선수들 중 한 명

10. 그는 / 더 행복해 진다   become[becomes] ~해 지다
    happier 더 행복한

11. 그녀는 / 의사가 될 것이다   will be ~이 될 것이다
    a doctor 의사

12. 그 미스터리는 / 풀리지 않은 채 남아있다   mystery 미스터리
    remain[remains] 남다
    unsolved 풀리지 않은

13. 내 영어 선생님은 / 매우 키가 크고 잘 생겼다   English teacher 영어 선생님
    tall 키가 큰   handsome 잘생긴

3. 3형식 문장(주어/동사/목적어)

3형식 문장은 주어, 동사, 그리고 목적어 한 개로 이루어진 문장이다.

해석은 (주어는 / 동사하다/ 목적어를)의 형태로 한다.

I / love / you.   나는 / 사랑한다 / 너를
 S   V   O

I / made / a chair.   나는 / 만들었다 / 의자 하나를
 S   V   O

She / hates / you.   그녀는 / 싫어한다 / 너를
 S   V   O

Tom / gave / a pen / to Jack.   Tom은 / 주었다 / 펜을 / Jack에게
 S   V   O

I / saw / him / at the hotel.   나는 / 보았다 / 그를 / 호텔에서
 S   V   O

3형식

1. 그 남자는 / 쓴다 / 많은 소설들을

write[writes] 쓰다   novel 소설

2. 그녀는 / 가지고 있다 / 세 마리의 개를

3. 그녀는 / 본다 / 두 편의 영화를 / 일주일에

watch[watches] 보다
two movies 두 편의 영화
a week 일주일에

4. 그들은 / 산다 / 두 권의 책을 / 매달 / 시내에 있는 서점에서

buy 사다   two books 두 권의 책
every month 매달   at the book store
in downtown 시내에 있는 서점에서

5. 그는 / 쓴다 / 편지 한통을 / 그의 아버지를 위해

a letter 편지 한 통
for his father 그의 아버지를 위해

6. 그녀는 / 만든다 / 많은 도구들을 / 그녀의 방에서

tool 도구   in her room 그녀의 방에서

7. 그들은 / 마신다 / 세 잔의 우유를 / 매일

three glasses of milk 세 잔의 우유
every day 매일

8. 그들의 선생님은 / 주신다 / 좋은 충고를 / 그들에게

give[gives] 주다
good advice 좋은 충고

9. 그녀의 어머니는 / 부르신다 / 많은 옛날 노래들을

sing 노래를 부르다
many old songs 많은 옛날 노래들

10. 그들은 / 먹는다 / 많은 음식들을 / 매일

eat 먹다   many foods 많은 음식들

11. 그 탁자는 / 가지고 있다 / 네 개의 다리들을

the table 그 탁자
four legs 네 개의 다리들

12. 그녀는 / 원한다 / 더 높은 점수를

want[wants] 원하다   higher 더 높은
grades 점수

13. 그는 / 받는다 / 많은 돈을 / 그 회사로부터

receive[receives] 받다
a lot of money 많은 돈
from the company 그 회사로부터

4. 3형식 문장 - that절 사용

하나의 문장을 주어나 목적어 보어, 혹은 앞의 명사의 내용을 나타내는 용도로 사용할 때 접속사 that 절을 사용하여 나타낼 수 있다. 목적어절의 that은 생략가능하다.

He / knows / that he can do anything for her.
그는 / 알고 있다 / 그가 그녀를 위해 무엇이든 할 수 있다는 것을

She / thinks / that we can make it happen.
그녀는 / 생각한다 / 우리가 그것을 일어나게 만들 수 있다고

It / means / that they could build their own house.
그것은 / 의미한다 / 그들이 그들 자신의 집을 지을 수 있었다는 것을

구(**phrase**) : 두 단어 이상의 의미 덩어리로 그 안에 주어와 동사가 없는 형태
절(**clause**) : 두 단어 이상의 의미 덩어리로 그 안에 주어와 동사가 있는 형태

이러한 형식의 문장은 that절 이외에도 간접의문문절이나 관계대명사 what절을 사용해서 표현할 수도 있다.

🖊 간접의문문 사용

He / knows / why she didn't come.
그는 / 알고 있다 / 왜 그녀가 오지 않았는지를

They / will find out / who is responsible for it.
그들은 / 알아낼 것이다 / 누가 그것에 책임이 있는지를

I / wonder / if she will join me.
나는 / 궁금하다 / 그녀가 나와 함께 할 것인지

🖊 관계대명사 what절 사용

You / should practice / what he said.
너는 / 실천해야 한다 / 그가 말했던 것을

He / can understand / what you talked about.
그는 / 이해 할 수있다 / 네가 이야기 했던 것을

3형식 - that절 사용

14. 그녀는 / 생각한다 / 그가 그녀의 아버지라고　　　　　　think[thinks] 생각하다

15. 그는 / 믿고 있다 / 그의 친구들이 그 편지들을 쓴다고　　believe[believes] 믿다

16. 그들은 / 알고 있다 / 누군가 그들을 위해 컴퓨터들을 사준다고　　know[knows] 알다　someone 누군가
　　buy[buys] 사주다　computers 컴퓨터들
　　for them 그들을 위해

17. 그것은 / 의미한다 / 겨울에 눈이 많이 내린다는 것을　　mean[means] 의미하다
　　it snows a lot in winter
　　겨울에 눈이 많이 내린다

18. 그녀는 / 말한다 / 그녀의 남편이 그것을 만든다고　　say[says] 말하다
　　husband 남편　it 그것

19. 그는 / 설명한다 / 그의 어머니가 그 신문을 매일 읽으신다고　　explain[explains] 설명하다
　　the newspaper 그 신문
　　read[reads] 읽다

20. 그는 / 생각한다 / 그의 친구들은 모두 잘생겼다고　　all 모두　handsome 잘생긴

21. 그녀는 / 믿고 있다 / 그녀의 선생님이 많은 좋은 점들을 가지고 있다고　　many good points 많은 좋은 점들

22. 그것들은 / 보여준다 / 우리의 미래가 밝다는 것을　　show 보여주다　future 미래
　　bright 밝은

23. 그것은 / 의미한다 / 우리가 더 많은 공간이 필요하다는 것을　　need 필요하다
　　more space 더 많은 공간

24. 그녀의 남편은 / 알고 있다 / 그녀가 또 다른 생각을 가지고 있다는 것을　　another idea 또 다른 생각

25. 그녀는 / 상상한다 / 그녀가 하늘에서 날아가는 것을　　imagine[imagines] 상상하다
　　fly[flies] in the sky 하늘에서 날아가다

26. 그는 / 꿈꾼다 / 우리 모두가 함께 사는 것을　　dream[dreams] 꿈꾸다
　　all live together 모두 함께 살다

5. 4형식 문장

4형식은 주어, 동사, 간접목적어, 직접목적어로 이루어져 있다.

해석은 (주어는 / 동사하다 / 간접목적어에게 / 직접목적어를)의 형태로 한다.

    I / will show / him / a pen. 나는 / 보여줄 것이다 / 그에게 / 펜을
    S   V   I.O. D.O.

위 문장에서 직접적으로 보여주게 되는 물건이 pen이므로 직접목적어(Direct Objects)라 하며 D.O.로 표시하며, 보게 되는 대상인 him은 간접목적어(Indirect Objects)라 하며, I.O.로 표시한다.

    She / gave / me / some advice. 그녀는 / 주었다 / 나에게 / 조언을
    S   V   I.O.   D.O.

    They / buy / me / a pen.
    그들은 / 사 준다 / 나에게 / 펜을
    S   V   I.O.   D.O.

    She / told / me / that she had a problem with him.
    그녀는 / 말했다 / 나에게 / 그녀가 그와 문제가 있다고

    He / asked / me / if I could lend him some money.
    그는 / 물었다 / 나에게 / 내가 그에게 돈을 빌려줄 수 있는지

✏️ 4형식과 3형식

형식과 4형식의 문장에는 모두 목적어가 존재한다. 두 종류의 문장에서 차이점은 4형식은 목적어가 두 개, 3형식은 목적어가 한 개라는 점이다. 4형식에 있는 간접목적어를 전치사를 사용하여 뒤로 보내면 3형식으로 바꿀 수 있다.

즉, She / gave / me / some advice 라는 4형식문장은
    She / gave / some advice / to me 의 3형식문장으로 바꿀 수 있는 것이다.

4형식을 3형식으로 바꿀 때에 쓰이는 전치사는 각기 다를 수 있으므로 주의한다.
buy+목적어 for / make+목적어 for / bring +목적어 to / give+목적어 to / show+목적어 to

4형식

1. 그는 / 준다 / 나에게 / 책 한권을
   give[gives] 주다
   a book 책 한권

2. 그녀는 / 보여준다 / 그들에게 / 그 영화를
   show[shows] 보여주다
   the movie 그 영화

3. 그들은 / 가져다준다 / 그녀의 아버지에게 / 그녀의 편지를
   bring 가져다주다

4. 그들은 / 빌려준다 / 내게 / 약간의 돈을
   lend 빌려주다
   some money 약간의 돈

5. 그녀는 / 허락한다 / 나에게 / 이틀을
   allow 허락하다   two days 이틀

6. 그녀는 / 묻는다 / 내게 / 몇 가지 질문들을
   ask[asks] 묻다
   several questions 몇 가지 질문들

7. 그는 / 만들어 준다 / 내게 / 약간의 쿠키를
   make[makes] 만들다
   some cookies 약간의 쿠키들

8. 그는 / 제공한다 / 그들에게 / 새로운 집들을
   offer 제공하다
   new houses 새로운 집들

9. 그녀의 아버지는 / 말해준다 / 그녀에게 / 진실을
   tell[tells] 말하다   the truth 진실

10. 그는 / 가르쳐준다 / 우리에게 / 영어를
    teach[teaches] 가르치다
    English 영어

11. 그녀는 / 용서해준다 / 나에게 / 나의 잘못을
    forgive 용서하다   fault 잘못

12. 그것은 / 절약해 준다 / 나에게 / 3일을
    save 절약하다

13. 그것은 / 들이게 한다 / 나에게 / 일주일을
    cost 비용, 시간 따위가 들다

4형식-II

1. 그녀는 / 말한다 / 내게 / 그녀가 그를 알고 있다고

   tell[tells] 말하다

2. 그는 / 묻는다 / 내게 / 왜 그의 남동생이 오는지

   ask 묻다
   why his brother comes
   왜 그의 남동생이 오는지

3. 그는 / 보여준다 / 그의 선생님에게 / 그가 그 문제를 풀 수 있다는 것을

   show[shows] 보여주다
   solve 풀다, 해결하다

4. 그는 / 경고한다 / 그들에게 / 우리가 그를 도와야 한다고

   warn[warns] 경고하다
   should ~해야한다

5. 그는 / 말한다 / 그의 친구에게 / 그녀가 그곳에 갈 것이라고 내일 아침에

   tell 말하다

6. 그는 / 정보를 준다 / 내게 / 그들이 그 일에 책임이 있다고

   inform[informs] 정보를 주다
   be responsible for ~에 책임이 있는

7. 그 상점의 매니저는 / 장담한다 / 우리에게 / 그들이 가장 좋은 상품들을 가지고 있다고

   the manager of the store 그 상점의 매니저
   assure 장담하다
   the best products 가장 좋은 상품들

8. 그 남자는 / 설득시킨다 / 우리에게 / 그가 잘생기고 친절하다고

   persuade 설득시키다
   handsome 잘생긴   kind 친절한

9. 그는 / 상기시킨다 / 그녀에게 / 그가 그녀를 위해 무엇이든 할 수 있다고

   remind 상기시키다
   can do anything 무엇이든 할 수 있다

10. 그녀는 / 묻는다 / 내게 / 내가 TV를 보고 있느냐고

    ask 묻다
    if I am watching TV
    내가 TV를 보고 있느냐고

11. 그는 / 약속한다 / 우리에게 / 그가 절대로 그것을 다시 하지 않겠다고

    promise[promises] 약속하다
    will never do that again
    다시는 그것을 하지 않을 것이다

12. 그 공원 안의 사람들이 / 경고한다 / 우리에게 / 우리가 동물들에게 음식을 주면 안 된다고

    the people in the park 그 공원안의 사람들
    warn 경고하다
    should not give food to animals
    동물들에게 먹이를 주면 안된다

Lee tells you that happiness is the goal of your life.

6. 5형식 문장(주어/동사/목적어/목적보어)

5형식 문장은 주어, 동사, 목적어, 목적어의 보어(목적보어)-O.C. 로 이루어진 문장이다. 이러한 문장들의 해석은 (주어는(은, 이, 가) / ~한다 / ~이~가, 에게, 을,를 / ~로, 하게, 하는 것을, 하도록, 하라고)의 형태로 하면 된다.

    She / made / me / a doctor. 그녀는 /만들었다 / 나를 / 의사로
      S   V   O   O.C.

    She / made / me / happy. 그녀는 / 만들었다 / 나를 / 행복하게
      S   V   O   O.C.

    She / made / me / go to university. 그녀는 / 만들었다 / 나를 / 대학에 가게
      S   V   O   O.C.

    I / want/ him / to go there. 나는 / 원한다 / 그에게 / 그곳에 가기를
     S   V   O   O.C.

    I / saw / him / driving. 나는 / 보았다 / 그가 / 운전하는 것을
     S V   O   O.C.

    I / saw/ him/ drive. 나는 / 보았다 / 그가 / 운전하는 것을
     S V   O   O.C.

    I / made / him / arrested. 나는 / 만들었다 / 그가 / 체포되도록
     S   V   O   O.C.

※ 사역동사라도 수동의 의미는 p.p.를 사용

✏️ 5형식 문장에서 목적보어로 능동 동사의 내용이 올 때

동사	종류	목적보어로 능동 동사의 의미가 올 때
사역동사	let, make, have, help	동사의 기본형 사용
	ex. He let his son **try** one more time. She had me **dance**.	
지각동사	feel, watch, see, listen to, hear ...	동사의 기본형과 현재분사(ⓥing)사용
	ex. They saw their kids **play**. They saw their kids **playing**.	
일반적인 동사들	help, want, encourage, get, require, request, ask, tell, order, advise, allow, lead, cause, urge, compel, warn, enable...	to 부정사 사용
	ex. They wanted me **to work** hard. She asked him **to be quite**.	

She helped me to make **new plan.**   **She helped me** make **new plan.**
help는 5형식으로 사용될 때, 목적보어로 to부정사와, 원형부정사 모두 올 수 있다. 그래서 help를 준사역동사 라고 부른다.
He had us laughing.   have의 경우에 '허락하다'의 의미로 쓰일 때, 목적보어로 -ing가 올 수 있다.

5형식

※기호 표시 V[동사원형] Ving[동명사, 현재분사] toV[to부정사] Ved[과거분사]

1. 그녀는 / 만든다 / 그를 / 행복하도록

make[makes] 만들다   happy 행복한

2. 그들은 / 시킨다 / 그들의 아이들을 / 공부하도록

have[has] 시키다   study 공부하다

3. 그는 / 놔둔다 / 그의 강아지를 / 주위를 뛰어다니도록

let[lets] 놔두다   puppy 강아지
run around 주위를 뛰어다니다

4. 피자 냄새는 / 만든다 / 나를 / 배고프게 느끼도록

the smell of pizza 피자 냄새
feel hungry 배고프게 느끼다

5. 그의 어머니는 / 도와준다 / 그의 아이들을 / 숙제를 하도록

help[helps] 도와주다
children 아이들
do homework 숙제를 하다

6. 그 팀의 리더는 / 격려한다 / 그 팀의 멤버들을 / 더 열심히 일하도록

the leader of the team 그 팀의 리더
the members of the team 그 팀의 멤버들
encourage A toV A를 ~하도록 격려하다

7. 그 기술은 / 허용해준다 / 우리의 로봇들이 / 어려운 일들을 쉽게 하도록

the technique 그 기술
allow A toV A를 ~하도록 허용하다
do difficult works easily
어려운 일들을 쉽게하다

8. 그는 / 요청한다 / 우리들에게 / 수업 중에 떠들지 말라고

require A toV A에게 ~하도록 요청하다
not to make a noise 떠들지 말라고
in class 수업 중에

9. 그녀는 / 본다 / 그녀의 남편이 / 달려오는 것을 그녀를 향해

see[sees] A Ving [V] A가 ~하는 것을 보다
run toward her 그녀를 향해 달리다

10. 그녀의 아이들은 / 듣는다 / 그들의 친구들이 / 노래부르는 것을

listen to A Ving [V] A가 ~하는 것을 듣다
sing a song 노래하다

11. 그 사람들은 / 느낀다 / 누군가 / 다가오는 것을

feel A Ving [V] A가 ~하는 것을 느끼다
approach 다가오다

12. 우리는 / 만든다 / 그 차들이 / 씻어진 상태가 되도록

make[makes] 만들다
washed 씻어진 상태

13. 우리 선생님은 / 말한다 / 우리에게 / 그곳에 가지 말라고

tell A not toV A에게 ~하지 말라고 말하다
go there 그곳에 가다

5형식-II

14. 그녀는 / 허락한다 / 우리에게 / 컴퓨터 게임을 밤에 하는 것을

allow 허락하다
play computer games at night 컴퓨터 게임을 밤에 하다

15. 그는 / 하게 놔둔다 / 그의 딸에게 / 소풍가는 것을

let ~하게 놔두다   daughter 딸
go on a picnic 소풍가다

16. 그의 선생님은 / 본다 / 우리가 / 싸우는 것을

see[sees] A Ving [V] A가 ~하는 것을 보다
fight 싸우다

17. 그녀는 / 도와준다 / 그의 어머니를 / 요리하도록

help A toV [V] A를 ~하도록 돕다
cook 요리하다

18. 그는 / 재촉한다 / 우리에게 / 그것을 해결하라고

urge A toV A에게 ~하라고 재촉하다
solve 해결하다

19. 그것은 / 요구한다 / 그들의 아이들에게 / 더 열심히 공부하도록

require A toV A에게 ~하도록 요구하다
study harder 더 열심히 공부하다

20. 하얀 집의 남자는 / 만든다 / 우리를 / 불행하도록

the man in the white house 하얀 집의 남자
unhappy 불행한

21. 그는 / 격려한다 / 그의 친구들에게 / 그 로봇을 만들도록

encourage A toV A를 ~하도록 격려하다

22. 우리는 / 느낀다 / 우리의 꿈이 / 실현되는 것을

feel A Ving [V] A가 ~하는 것을 느끼다
come true 실현되다

23. 그들의 어머니는 / 말한다 / 옆집의 사람들에게 / 그녀의 정원에 들어오지 말라고

tell A not toV A에게 ~하지 말라고 말하다
the people next door 옆집의 사람들
enter 들어가다   garden 정원

24. 우리는 / 원한다 / 그 남자에게 / 우리에게 다가오지 않기를

want A not toV A가 ~하지 않기를 원하다
approach us 우리에게 다가오다

25. 그는 / 듣는다 / 그의 이름이 / 불리 우는 것을

hear A Ved A가 ~되는 것을 듣다
called 불리우는

26. 그녀는 / 만든다 / 나를 / 더 좋은 남자로

a better man 더 좋은 남자

Don't put the cart before the horse.

원래 말이 수레를 끌고 가야 하는데, 말 앞에 수레가 놓인 상황.
즉, 어떠한 일을 처리할 때, 그 순서가 뒤바뀌어 일이 제대로 해결될 수 없는 '본말이 전도된 상황'을 의미합니다.

MEMO

Chapter 03

문장의 종류

Chapter 03 문장의 종류

앞에서 배웠던 문장들을 '평서문'이라고 부르는데, 이러한 평서문 이외에 여러가지 형태로 문장을 표현 할 수 있다.

1. 의문문과 부정문

의문문과 부정문을 만드는 방식은 be동사와 조동사 일반동사에 따라 그 규칙을 따라주어야 한다.

He is a programer. → Is he a programer?

be동사와 조동사 의문문

be동사 의문문을 만드는 방법은 간단하다. 문장의 be동사만 맨 앞으로 위치시키고 물음표만 붙여주면 된다. 이 때 be동사가 문장 앞으로 나올 때 첫 글자는 대문자로 쓰는 것에 유의 하자.

You are cute → Are you cute?
I am tall → Am I tall? '나'를 의미하는 I 는 항상 대문자
She was beautiful. → Was she beautiful ?
They were friends. → Were they friends?

조동사의 경우에도 조동사만 문장 맨 앞으로 위치시켜주면 된다.

She can teach us. → Can she teach us?
He will come. → Will he come?

be동사와 조동사 부정문

단순한 동사의 형태 만큼이나 be동사의 부정문 만드는 법은 간단하다.

He is a sales man. → He is not a sales man.
They should find the man. → They should not find us.

be동사와 조동사 뒤에 not 만 붙여주면 부정문이 완성 된다. 또한 다음과 같이 축약형이 가능하다.

She is not a student. = She's not a student. = She isn't a student.
I am not a mailman. = I'm not a mailman.
You are not my friend = You're not my friend = You aren't my friend.
I was not a silly boy. = I wasn't a silly boy.
She was not happy then. = She wasn't happy then.
They were not busy. = They weren't busy.
They can not use it. = They can't use it.

📝 현재시제 일반동사의 의문문

He loves you. → Does he love you?

We play soccer. → Do we play soccer?

be동사 의문문은 문장속의 be동사의 변형없이, 그것의 이동만으로 표현하지만, 일반동사에서는 주어가 3인칭 단수일 때, 즉 일반 동사에 -s, -es 가 있을 때 그것을 포함하는 does 가 문장 앞으로 나가고, 뒤에는 동사 원형을 두게 된다. 나머지 경우는 do만 앞으로 빼 주면 된다.

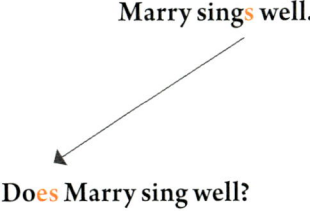

Marry sings well.

Does Marry sing well?

You have a cat. → Do you have a cat? (앞에 do 만 붙여주고 물음표만 해주면 된다.)

He has a cat → Does he have a cat? (동사에 -s가 붙어있으므로 does로 빼주고 뒤에 원형을 써준다.)

✏️ 현재시제 일반동사의 부정문

be동사의 부정문에서는 be동사 뒤에 not만 붙여주면 되지만, 일반동사 부정문에서는 do, does를 첨가한 후, not을 붙여주고 동사원형을 써주면 된다.

(1) 3인칭 단수주어

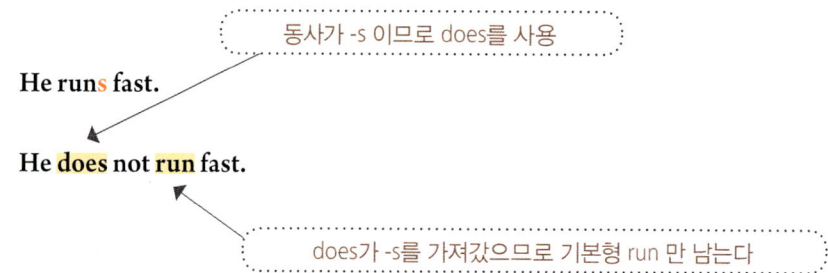

He run**s** fast.

He **does** not **run** fast.

(2) 1, 2 인칭 주어, 3인칭 복수 주어

I talk to him.	I do not talk to him.
You like me.	You do not like me. .
They play games.	They do not play games.

※ 모두 동사를 기본형으로 그대로 사용하므로, do 를 써준 후 not을 사용한다.

(3) 축약형

I do not love him. = I don't love him.   do not = don't

She does not eat candies. = She doesn't eat candies.   does not = doesn't

의문문

다음을 의문문으로 만드시오.

1. She has two dogs in her garden.

2. They are good friends.

3. She and I are students.

4. The man in the cafe looks handsome.

5. She can speak English.

6. You are good at typing.

7. She makes all kinds of dolls.

8. We use this computer.

9. He buys new things.

10. They are happy with him.

다음을 영작하시오.

11. 그는 행복하니?   happy 행복한

12. 너는 무슨 꿈을 가지고 있니?   what dream 무슨 꿈

부정문

다음을 부정문으로 만드시오.

1. She is very happy now.

2. They are so tall.

3. He writes many novels.

4. We can teach you math.

5. She lets me go to the park.

다음을 영작하시오.

6. 그녀는 / 사랑하지 않는다 / 너를

7. 그는 / 먹지 않는다 / 김치를   eat 먹다   kimchi 김치

8. 그녀는 / 허락하지 않는다 / 너를 / 밖에 나가도록 밤늦게   allow 허락하다
go out late at night 밤에 밖에 나가다

9. 이 컴퓨터는 / 잘 작동하지 않는다   work 작동하다

10. 그녀의 어머니는 / 키가 크지 않다   tall 키가 큰

11. 그는 / 그곳에 갈 수 없다   go there 그곳에 가다

12. 그들의 부모님은 / 도와주지 않는다 / 그들을 / 그들의 숙제를 하도록   parents 부모님
do their homework 그들의 숙제를 하다

2. 감탄문

감탄문은 말 그대로 감탄하는 표현을 나타낸다.
형용사와 부사만을 사용해서 나타낼 때는 How + 형용사 / 부사(주어+동사) ! 의 형태로사용하고,

명사를 포함하는 구를 사용할 때는 What + 형용사 + 명사(주어+동사) ! 의 형태로 사용한다.

How clever he is! 그가 얼마나 영리한가 !
What a nice day it is! 얼마나 좋은 날인가 !

1. 얼마나 멋진 소년들인가 / (저들은)! wonderful 멋진

2. 얼마나 귀여운가 / (그녀는)! cute 귀여운

3. 얼마나 아름다운 꽃들인가 / (저것들은)! beautiful 아름다운
flowers 꽃들

4. 얼마나 섬세한가 / (그것은)! sophisticated 섬세한

5. 얼마나 맛있는가 / (그것이)! delicious 맛있는

3. 명령문

동사원형을 사용하여 ~해라 / ~하지 마라 (not이나 never를 사용)를 나타낸다.

(1) 일반동사 명령문

Study hard. 열심히 공부해라.   Go straight. 곧장 가라.
Don't worry. 걱정하지마.   Nerver do that again. 다시는 절대로 그것을 하지 마라.

(2) be동사 명령문

Be here. 여기에 있어라.   Be with me. 나와 함께해라.

※ 형용사는 동사가 아니므로 be동사나 일반동사를 함께 사용하여 명령문을 표현한다.

Be kind to her. 그녀에게 친절하게 대해라.   Stay calm. 침착함을 유지해라.
Be happy! 행복해라!   Be my wife. 내 아내가 되어줘.

※ 명령문 and ~ (~해라 그러면)   명령문 or ~ (~해라 그렇지 않으면)

Take it and you will be my friend. 그것을 받아라 그러면 너는 내 친구가 될 것이다.
Be curious about everything or you can't be creative.
모든 것에 대해 궁금해 해라 그렇지 않으면 너는 창의적이 될 수 없다.

---

1. 그것을 먹지 마라 / 다시는   again 다시는

2. 매일 30분씩 걸어라 / 그러면 / 너는 건강해질 것이다   walk for 30 minutes 30분씩 걷다
   healthy 건강한

3. 그녀를 도와주어라 / 그렇지 않으면 / 그녀가 그것을 할 수 없다

4. 친절하게 대해라 사람들에게 / 그러면 / 그들도 너에게 똑같이 해줄 것이다   be kind 친절하게 대하다
   do the same thing to you 너에게 똑같이 하다

5. 행복해라 / 나와함께

6. 시도 하여라 그것을 / 다른 방법으로   try 시도하다
   in another way 다른 방법으로

Chapter 04

동사의 시제

Chapter 04 동사의 시제

우리나라말의 먹다라는 동사가 있을 때, 이 동사를 '먹는다, 먹었다, 먹을 것이다, 먹고있다' 등으로 활용하여 사용하듯이, 영어에서도 그러한 표현을할 수 있다. 아래 표는 영어에서 시간에 따른 동사모양의 활용을 나타내는 것이다. 아래 표에 있는 시제를 활용하면, 더 다양한 시제를 나타낼 수 있다. 그와 관련된 내용은 교재의 뒤 쪽에서 연습해 볼 것이다.

<동사의 시제표>

기본형	과거완료	과거	과거진행	현재완료	현재	현재진행	미래
V	had+p.p.	Ved	be동사+Ving	have[has]+ p.p.	V	be동사+Ving	will V
play	had played	played	[was/were] playing	[have/has] played	play[s]	[am/are/is] playing	will play
놀다	놀았었다	놀았다	놀고 있었다	놀아오고 있다	논다	노는 중이다	놀 것이다

1. 과거시제

「~했다, ~였다」라는 의미의 서술어 표현을 나타낸다.

He played baseball with his friends yesterday.
그는 그의 친구들과 어제 야구를 했다.

I lived in Suwon.
나는 수원에 살았다.

She cried because her father had an accident.
그녀는 아버지께 사고가 났기 때문에 울었다.

They stopped eating.
그들은 먹는 것을 멈추었다.

I was a little child then.
나는 그 때에 작은 아이였다.

<과거시제 만들기>

종류	대부분의 동사	-e로 끝나는 동사	자음+y로 끝나는 동사	단모음+단자음으로 끝나는 동사
활용방법	기본형+ed	기본형+d	y → i+ed	기본형+자음+ed
쓰임	watch → watched wash → washed learn → learned	like → liked love → loved hate → hated	cry → cried try → tried study → studied	stop → stopped step → stepped trap → trapped

✏️ 일반동사 과거시제의 부정문과 의문문

(1) 의문문

He gave me a pen. → Did he give me a pen?
They watched a movie. → Did they watch a movie?
I went shopping with my mom. → Did I go shopping with my mom?
You met my father. → Did you meet my father?

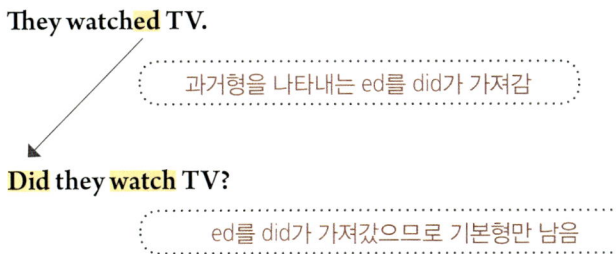

They watched TV.
→ 과거형을 나타내는 ed를 did가 가져감

Did they watch TV?
→ ed를 did가 가져갔으므로 기본형만 남음

(2) 부정문

She pushed the button. → She did not push the button.
= She didn't push the button.
They had a good time. → They did not have a good time.
= They didn't have a good time.

부정문도 의문문과 마찬가지로 주어가 무엇이 오든지 did를 써준 후 not을 붙여주고, 뒤에 동사의 기본형을 써주면 된다.

Tommy bought a new car.
(과거형을 나타내는 did) (과거형을 did가 가져갔으므로 기본형만 남음)
Tommy did not buy a new car.

<불규칙 동사표>

여기에서는 많이 쓰는 단어만 우선 소개하기로 한다. 불규칙 동사표는 모든 영어사전 끝부분에 부록으로 들어 있으므로 참고 한다.

기본형	과거형	과거분사	뜻(기본형)
burst	burst	burst	터뜨리다
cast	cast	cast	던지다
cut	cut	cut	자르다
hit	hit	hit	치다
let	let	let	~하게하다
put	put	put	놓다
read	read	read	읽다
set	set	set	정하다
shut	shut	shut	닫다
spread	spread	spread	퍼지다
thrust	thrust	thrust	밀치다
come	came	come	오다
become	became	become	~이 되다
run	ran	run	달리다
bring	brought	brought	빌리다
buy	bought	bought	사다
fight	fought	fought	싸우다
think	thought	thought	생각하다
seek	sought	sought	찾다
catch	caught	caught	잡다
teach	taught	taught	가르치다
sell	sold	sold	팔다
tell	told	told	말하다
bleed	bled	bled	피를 흘리다
feed	fed	fed	먹이다
speed	sped	sped	속도를 내다
lead	led	led	이끌다
meet	met	met	만나다
keep	kept	kept	지키다
sleep	slept	slept	자다
weep	wept	wept	울다
feel	felt	felt	느끼다
build	built	built	만들다
lay	laid	laid	놓다, 두다, 낳다
pay	paid	paid	지불하다
say	said	said	말하다
send	sent	sent	보내다
spend	spent	spent	쓰다
lend	lent	lent	빌려주다
bend	bent	bent	구부리다
find	found	found	찾다, 알다
stand	stood	stood	서다, 참다
bind	bound	bound	묶다
hear	heard	heard	듣다
hold	held	held	잡다, 개최하다

기본형	과거형	과거분사	뜻(기본형)
mean	meant	meant	의미하다
leave	left	zleft	떠나다
lose	lost	lost	잃다
sit	sat	sat	앉다
win	won	won	이기다
shine	shone	shone	빛나다
cling	clung	clung	들러붙다
dig	dug	dug	파다
swing	swung	swung	흔들리다
make	made	made	만들다
spin	spun	spun	짜다
get	got	got	얻다, 갖다
have	had	had	갖다
begin	began	begun	시작하다
drink	drank	drunk	마시다
swim	swam	swum	헤엄치다
sing	sang	sung	노래하다
ring	rang	rung	종을 울리다
bear	bore	born(borne)	낳다(참다,품다)
swear	swore	sworn	맹세하다
tear	tore	torn	찢다
drive	drove	driven	운전하다
ride	rode	ridden	타다
rise	rose	risen	오르다
write	wrote	written	쓰다
bite	bit	bitten	물다
hide	hid	hid/hidden	숨다, 숨기다
take	took	taken	갖다
shake	shook	shaken	흔들다
break	broke	broken	깨다
speak	spoke	spoken	말하다
steal	stole	stolen	훔치다
choose	chose	chosen	선택하다
freeze	froze	frozen	얼리다
grow	grew	grown	자라다
blow	blew	blown	불다, 폭파하다
know	knew	known	알다
fly	flew	flown	날다
draw	drew	drawn	그리다
show	showed	shown	보다, 보여주다
fall	fell	fallen	떨어지다
eat	ate	eaten	먹다
forget	forgot	forgotten	잊다
give	gave	given	주다
go	went	gone	가다
do	did	done	하다

<혼동하기 쉬운 동사들>

기본형	과거형	과거분사	뜻(기본형)
lie	lay	lain	눕다, 눕혀있다
lie	lied	lied	거짓말하다
lay	laid	laid	낳다, 눕히다
sit	sat	sat	앉다
seat	seated	seated	앉히다
find	found	found	찾다
found	founded	founded	설립하다
wind	winded	winded	바람불다
wind	wound	wound	감다
wound	wounded	wounded	상처 입다
bind	bound	bound	묶다
bound	bounded	bounded	튀어 오르다
rise	rose	risen	오르다
raise	raised	raised	올리다
arisen	arose	arisen	발생하다

Vocabulary is power.

과거시제

1. 그녀는 / 수원에 있었다
   was in Suwon 수원에 있었다

2. 그는 / 마셨다 / 한 잔의 커피를 / 오늘 아침에
   drank 마셨다
   a cup of coffee 한 잔의 커피
   this morning 오늘 아침에

3. 그녀는 / 보았다 / 그녀의 남편을
   saw 보았다   husband 남편

4. 그들은 / 도와주었다 / 우리를 / 숙제를 하도록
   helped 도와주었다
   do homework 숙제를 하다

5. 이 회사의 주인은 / 허락해주었다 / 이 지역의 주민들에게 / 공장을 둘러보도록
   the owner of this company 이 회사의 주인
   allowed 허락했다
   residents of this area 이 지역의 주민들
   look around the factory 공장을 둘러보다

6. 나는 / 들었다 / 누군가 / 소리 지르는 것을
   heard 들었다   someone 누군가
   shout 소리 지르다

7. 그들은 / 제공했다 / 고아원의 아이들에게 / 많은 도움을
   offered 제공했다
   the children of the orphanage
   고아원의 아이들   a lot of help 많은 도움

8. 그는 / 썼다 / 그의 이름을 / 산속에 있는 바위 위에
   wrote 썼다
   on the rock in the mountain
   산속에 있는 바위 위에

9. 그는 / 좋아했다 / 그의 강아지와 고양이를
   liked 좋아했다   puppy 강아지
   cat 고양이

10. 대한민국의 대통령은 / 존경했다 / 대한민국의 사람들을
    the president of Korea 대한민국의 대통령
    respected 존경했다
    the people of Korea 대한민국의 사람들

11. 그는 / 피곤한 듯 보였다
    looked tired 피곤한 듯 보였다

12. 그와 그의 아내는 / 매우 행복했다
    wife 아내
    were very happy 매우 행복했다

13. 어젯밤에 / 그녀는 / 너무 피곤했다
    last night 어젯밤에
    was too tired 너무 피곤했다

14. 그는 / 노래했다 / 많은 사람들 앞에서

sang 노래했다
in front of many people 많은 사람들 앞에서

15. 그녀의 반 친구들은 / 싫어했다 / 그녀의 생각을

classmates 반 친구들
hated 싫어했다   thought 생각

16. 그들은 / 생각했다 / 그들이 그녀를 위해 무언가 할 수 있다고

thought 생각했다
could do something for her
그녀를 위해 무언가 할 수 있다

17. 그들은 / 사랑했다 / 서로를 / 그 당시에

each other 서로
at that time 그 당시에

18. 누군가가 / 불렀다 / 내 이름을

someone 누군가
called 불렀다

19. 그 클럽의 멤버들은 / 말했다 / 그들이 무엇이든 할 수 있다고

the members of the club 그 클럽의 멤버들
said 말했다
could do anything 무엇이든 할 수 있다

20. 오래된 오두막이 하나 있었다 / 산 속에

there was ~이 있었다
cottage 오두막

21. 그는 / 매우 가난했다 / 그가 어릴 때에

was very poor 매우 가난했다
when he was young 그가 어릴 때에

22. 우리는 / 믿었다 / 우리의 사랑이 영원할 거라고

believed 믿었다
would be forever 영원할 것이다

23. 그는 / 물었다 / 내게 / 내가 그를 사랑하는지

asked 물었다
if I loved him 내가 그를 사랑하는지

24. 그녀는 / 알고 싶었다 / 왜 그녀가 그를 떠나는지

wanted to know 알고 싶었다
why she left him 왜 그녀가 그를 떠나는지

25. 그녀는 / 미안했다 / 그녀가 그를 도와줄 수 없어서

was sorry 미안했다
could not help 도와줄 수 없다

26. 그녀는 / 주었다 / 그녀의 학생들에게 / 어려운 문제를

gave 주었다
a difficult problem 어려운 문제

27. 그 괴물은 / 가지고 있었다 / 여섯 개의 팔들과 여덟 개의 다리들을		had 가지고 있었다 arms 팔들 legs 다리들
28. 그녀는 / 생각했다 / 그녀가 무언가를 해야 한다고 그를 위해		thought 생각했다 should do something for him 그를 위해 무언가를 해야한다
29. 어떤 학생들은 / 원했다 / 그들의 부모에게 / 그들의 용돈을 올려주도록		some of students 어떤 학생들 wanted A toV A에게 V하기를 원했다 raise allowance 용돈을 올리다
30. 그들의 친구들은 / 요구했다 / 이 집의 남자에게 / 그 개가 돌아다니게 하지 않도록		asked A not toV A에게 V하지 않기를 요구했다 let the dog go around 그 개가 돌아다니게 하다
31. 공장으로부터의 가스는 / 오염시켰다 / 이 지역의 공기질을		gas 가스 factory 공장 polluted 오염시켰다 air quality in this area 이 지역의 공기질
32. 그는 / 창조했다 / 새로운 공간을 / 그의 아이들을 위해		created 창조했다 space 공간
33. 그녀는 / 찾고 있었다 / 없어진 아이를		was looking for 찾고 있었다 a missing child 미아, 없어진 아이
34. 그는 / 데려갔다 / 그의 아이를 / 튤립 축제에		took 데려갔다 the tulip festival 튤립 축제
35. 그는 / 가져다 주었다 / 그녀에게 / 멋진 꽃병을		brought 가져다 주었다 a wonderful vase 멋진 꽃병
36. 그 가게의 점원은 / 요구했다 / 나에게 / 영수증을 그에게 보여 줄 것을		clerk 점원 the store 그 가게 asked A toV A에게 V하기를 요구했다 show him the receipt 영수증을 그에게 보여주다
37. 그녀의 딸이 / 물었다 / 나에게 / 내가 그녀를 도와 줄 수 있는지		asked 물었다 if I could help her 내가 그녀를 도와줄 수 있는지
38. 그 로봇의 팔들은 / 할 수 있었다 / 많은 것들을		many things 많은 것들
39. 그녀는 / 울었다 / 많은 사람들 앞에서		cried 울었다 in front of many people 많은 사람들 앞에서

40. 그 학교로부터 / 우리는 / 배웠다 / 많은 것들을

from the school 그 학교로부터
learned 배웠다

41. 그는 무엇을 했니 어제?

42. 그녀는 / 알지 못했다 / 그녀의 선생님에 대해

did not know about ~에 대해 알지 못했다

43. 그녀는 / 사랑하지 않았다 / 그녀의 직업을

did not love 사랑하지 않았다

44. 그의 친구들은 / 좋아하지 않았다 / 그를

did not like 좋아하지 않았다

45. 그는 어제 왔었니?

come 오다

46. 그녀는 / 원하지 않았다 / 나에게 / 그녀와 함께있는 것을

did not want A toV
A에게 V하기를 원하지 않았다
be with her 그녀와 함께 있다

47. 그 남자의 컴퓨터는 / 잘 작동하지 않았다

48. 너의 꿈은 무엇이었니 / 네가 어렸을 때?

when you were young 네가 어렸을 때

49. 그는 / 믿지 않았다 / 그가 그 일을 할 수 있을 것이라고

did not believe 믿지 않았다
could do the job 그 일을 할 수 있다

50. 그녀와 나는 / 좋은 친구가 아니었다

were not good friends 좋은 친구가 아니었다

51. 산 속에 있는 그 토끼는 / 피하지 못했다 / 그 여우를

the rabbit in the mountain
산속에 있는 그 토끼   the fox 그 여우
could not avoid 피하지 못했다

52. 그 가게의 주인은 / 말하지 않았다 / 그가 너를 도와준다고

the owner of the store 그 가게의 주인
did not say 말하지 않았다

53. 가장 인기 있는 스포츠 중에 하나는 / 농구 였다

one of the most popular sports
가장 인기있는 스포츠 중에 하나
basketball 농구

I lived in a rural area and my life there was peaceful.

2. 진행시제

일반적으로 진행 시제라 함은 현재나 과거의 어떤 시점에 진행되고 있는 중인 것을 표현 할 때 사용한다.

I am watching TV.   나는 TV를 보고 있는 중이다.
I was playing games.   나는 게임을 하고 있었어.
They are coming to the party. 그들은 파티에 오고 있어.
She is listening to the radio. 그녀는 라디오를 듣고 있다.
Tom was cleaning the window.   Tom은 창문을 청소하고 있었다.

위 문장들에서 볼 수 있듯이 진행형은 'be동사 + 동사기본형 + ing' 의 형태로 이루어진다.

(1) 동사를 현재분사(-ing)로 만들기

종류	대부분의 동사	-e로 끝나는 동사	단모음+단자음 으로 끝나는 동사
활용방법	동사기본형+ing	e를 뺀 후+ing	동사기본형+자음+ing
쓰임	play → playing cry → crying read → reading sing → singing	love → loving take → taking like → liking come → coming	run → running put → putting stop → stopping hit → hitting

(2) 현재 진행형시제 만들기

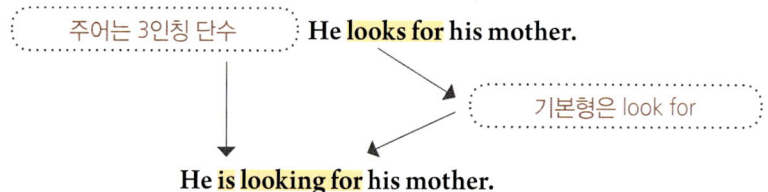

They see you. → They are seeing you.
I go to school. → I am going to school.

(3) 과거 진행형 시제 만들기

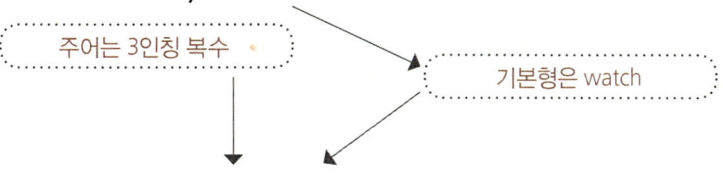

He saw the car. → He was seeing the car.

She ate pizza. → She was eating pizza.

현재 진행시제와 마찬가지로, 주어에 대한 be동사를 결정한 후, 동사의 기본형에 ing를 붙여주면 된다.

(4) 현재진행 시제의 특별한 쓰임

현재 진행 시제를 사용하여, 곧 있을 미래의 일을 표현 할 수 있다.

I am getting married this weekend. 나 이번 주에 결혼해.

진행시제

be동사 + 동사기본형-ing

주어에 맞게 be동사 변형, 현재진행형은 현재형 be동사, 과거진행형은 과거형 be동사

🖉 진행형시제의 의문문과 부정문

앞서 be동사의 의문문, 부정문과 마찬가지로, 진행형에서는 be동사가 들어가므로, be동사 의문문, 부정문과 같은 방식으로 바꾸어주면 된다.

(1) 의문문

의문문은 be동사만 맨 앞으로 빼주면 된다.

He is having a meal.
Is he having a meal?

They were playing baseball.
Were they playing baseball?

(2) 부정문

부정문 또한 be동사 부정문과 동일한 방식으로 바꾸어준다. be동사 뒤에 not만 붙여주면 된다.

They are looking at a monkey.
They are not looking at a monkey.

He was talking to his friend.
He was not talking to his friend.

진행시제

1. 그는 / 농구를 하고 있는 중이다 / 그의 친구들과 함께
   play basketball 농구를 하다

2. 나는 / 점심을 먹고 있다 / 내 고객들 중 한 명과
   have lunch 점심을 먹다
   with one of my clients 내 고객들 중 한 명과

3. 그녀는 / 보고있는 중이다 / 흥미로운 영화를
   watch 보다
   an interesting movie 흥미로운 영화

4. 그녀는 / 울고 있는 중이다 / 그녀의 남자 친구 때문에
   cry 울다   because of ~때문에

5. 그 학교의 사람들은 / 만들고 있는 중이다 / 새로운 시설물을
   make 만들다   facility 시설물
   people of the school 그 학교의 사람들

6. 우리는 / 게임을 하고 있는 중이다 / 온라인에서
   play games 게임을 하다
   online 온라인에서

7. 그들은 / 찾고 있는 중이다 / 그들의 문제점을
   look for 찾다   problem 문제점

8. 그녀의 남편은 / 생각하는 중이다 / 어떻게 그들을 도울 지
   think 생각하다
   how to help them 어떻게 그들을 도울지

9. 그녀는 / 만나고 있는 중이다 / 그녀의 아버지의 친구를
   meet 만나다

10. 우리는 / 치르고 있는 중이다 / 영어시험을
    take an exam in English
    영어시험을 치르다

11. 그 차고에 있는 남자는 / 음악을 듣고 있는 중이다.
    the man in the garage 차고에 있는 남자
    listen to music 음악을 듣다

12. 그녀는 / 마시고 있는 중이다 / 시원한 물을
    cool water 시원한 물

13. 그들의 어머니는 / 만드는 중이다 맛있는 음식을 / 그들을 위해
    make a delicious dish 맛있는 음식을 만들다

14. 그들은 / 보고있는 중이었다 TV를 / 그들의 가족과 함께

watch TV TV를 보다

15. 우리들은 / 말하고 있는 중이었다 / 우리가 투표를 해야 한다고

say 말하다
should vote 투표를 해야만 한다

16. 그들의 비행기는 / 날고 있는 중이었다 / 푸른 하늘에서

plane 비행기 fly 날다
in the blue sky 푸른 하늘에서

17. 그는 / 뛰고 있는 중이었다 / 전철역을 향해

run 뛰다
toward the subway station 전철역을 향해

18. 그녀는 / 찾고 있는 중이었다 / 구급상자를

look for 찾다 a first-aid kit 구급상자

19. 그의 친구 중 한 명은 / 보고 있는 중이었다 / 그녀를 / 문으로 들어오는 것을

see 보다
enter the door 문으로 들어오다

20. 그는 / 먹고 있는 중이었다 / 카레를 / 빠르게

eat 먹다 curry 카레
quickly 빠르게

21. 그들의 꿈은 / 실현되고 있는 중이었다

come true 실현되다

22. 우리는 / 만들고 있는 중이었다 / 그들을 / 행복하게

23. 너는 / 노력하는 중이었다 / 그를 돕는 것을

try toV V하는 것을 노력하다

24. 그 컴퓨터는 / 처리 하고 있는 중이었다 / 우리의 성적에 대한 정보를

process 처리하다
information about our grades
우리 성적에 대한 정보

25. 그 후보는 / 연설하고있는 중이었다 / 그녀가 최선을 다하겠다고 / 이 지역의 사람들을 위해

candidate 후보 give a speech 연설하다
do one's best 최선을 다하다
for the people of this area
이 지역의 사람들을 위해

26. 그녀와 나 사이의 관계는 / 점점 나빠지고 있었다

get worse and worse 점점 나빠지다
relationship between her and me
그녀와 나 사이의 관계

"You are making your dots."

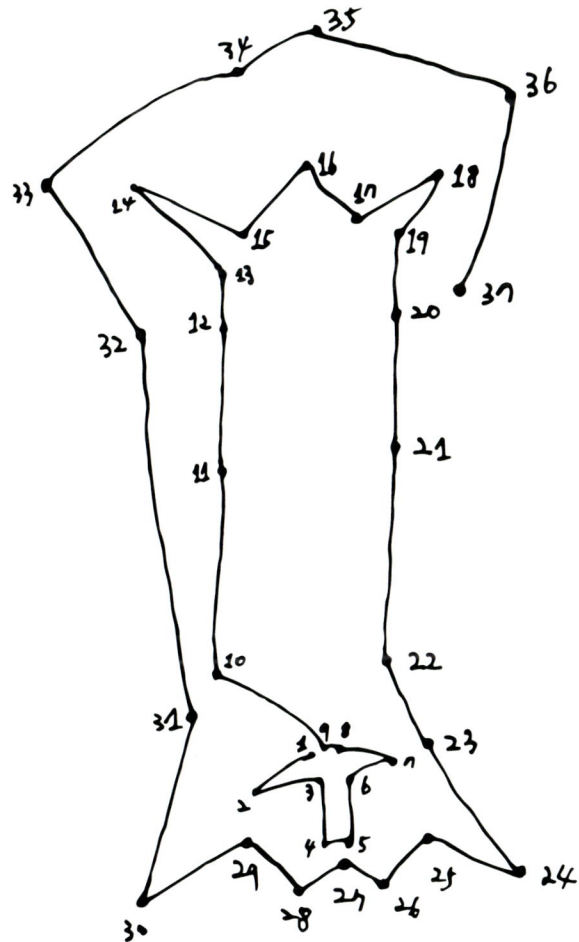

Life is connecting the dots.

새싹이 자라서 나무가 될 때, 어떠한 방향으로 어떻게 성장할 지는 정해져 있지 않습니다. 이처럼 인생은 다양한 방향의 점들을 이어나가는 것입니다. 살아가며 겪는 일련의 사건들이 때로는 인생의 낭비처럼 느껴질 수도 있지만, 여러분이 여러 사건들을 겪고 결국에는 그러한 것들을 하나로 이었을 때, 여러분의 인생이 됩니다. 우리의 인생은 끝날때 까지는 끝난 것이 아닙니다. 지금 이 순간에도 여러분은 인생의 점들을 만들고 있습니다.

3. 미래시제

I will be a mother. 나는 엄마가 될 것이다.

I am going to visit my friend in Seoul. 나는 서울에 있는 친구를 방문할 것이다.

They will do their mission. 그들은 그들의 임무를 할 것이다.

They are going to buy a new car. 그들은 새 차를 살 것이다.

He will marry her someday. 그는 언젠가 그녀와 결혼 할 것이다.

She is going to meet her parents for the first time. 그녀는 그녀의 부모님과 처음으로 만날 것이다.

(1) will을 사용한 미래 시제 표현

I am a sports star.	I will be a sports star.
She is playing soccer.	She will be playing soccer.
They watch the show.	They will watch the show.

※ 미래시제를 나타낼 때는 will(~일것이다)를 써준 후 동사 원형을 써주면 된다.

(2) be going to를 사용한 미래 시제 표현

We have a party today.	We are going to have a party today.
He met his mother.	He was going to meet his mother.
You make a rule.	You are going to make a rule.

c.f. I am going to go to church. (나는 교회에 갈 것이다. - 미래형) be going to 뒤에 동사원형
　　I am going to church. (나는 교회에 가고 있다. - 현재 진행형) be going to 뒤에 명사

※ be going to 는 하나의 덩어리로서 'will'의 의미를 대신 하는 것이다. be going to를 사용할 때는 be동사가 주어와 시제에 따라 변하는 것만 주의하면 무리 없이 쓸 수 있다.

✏️ 미래시제의 부정문과 의문문

(1) will 을 사용하는 문장의 의문문과 부정문

① 의문문

will you come to my house at 10?

will만 앞으로 빼주면 된다.

② 부정문

I will not see him again.
　　(won't)

will 뒤에 not 만 붙여 주면 된다.

(2) be going to 를 사용하는 문장의 의문문과 부정문

① 의문문

Are you going to take bus?
Is he going to say something?

be동사가 들어가므로 be동사만 앞으로 빼주면 된다.

② 부정문

I am not going to be here.
You are not going to arrest him.

be동사가 들어가므로 be동사 뒤에 not만 붙여주면 된다.

<미래시제를 활용한 시제들>

시제	쓰임
미래진행(will be <u>V</u>ing)	He will be meeting Sue at 10 p.m. 그는 열시에 수를 만나고 있을 것이다.
미래완료(will have p.p.)	I will have lived 17 years by next year. 나는 내년이면 17년 째 살고 있는 것이다.

will 사용 / be going toV 사용

will

1. 나는 / 만들 것이다 / 그를 / 의사로

2. 그녀는 / 줄 것이다 / 그녀의 친구들에게 / 많은 도움을

   a lot of help 많은 도움

3. 그 시장의 상인들은 / 필요하게 될 것이다 / 새로운 방법들이

   merchants in the market 그 시장의 상인들
   need 필요하다   methods 방법들

4. 북한의 사람들은 / 요청하게 될 것이다 / 그들의 정부에게 / 새로운 정책들을

   North Koreans 북한 사람들
   require 요청하다   government 정부
   policies 정책들

5. 그녀는 / 결혼 하게 될 것이다 나와 / 언젠가는

   marry me 나와 결혼하다
   someday 언젠가는

6. 너는 / 보지 않을 것이다 / 너의 미래를 / 이곳에서

   see 보다   future 미래
   here 이곳에서

be going to V

7. 나는 / 갈 것이다 그곳에 / 내 친구들과 함께 / 내일 오후에

   go there 그곳에 가다
   tomorrow afternoon 내일 오후에

8. 그들의 사장은 / 줄일 것이다 / 생산을

   boss 사장   cut down on 줄이다
   the production 생산

9. 나는 / 만들 것이다 / 아름다운 세상을 / 너희들과 함께

   beautiful world 아름다운 세상
   you 너희들

10. 나는 / 살 것이다 / 열 개의 방이 있는 새로운 집을

    a new house with ten rooms in it
    열 개의 방이 있는 새로운 집

11. 그는 / 들를 것이다 / 너의 집에 / 내일 밤에

    stop by 들르다
    tomorrow night 내일 밤에

12. 나는 / 끝마치지 않을 거야 / 이것을 / 10분 안에는

    finish 끝마치다   within ~안에

I will ...

여러분의 꿈은 무엇인가요? 아직 꿈이 없나요?
생각만 해도 가슴이 뛰는 것, 내가 잘 할 수 있는 무언가를 찾으려 노력해 보세요~!
여러분의 꿈은 발품팔면서 돌아다니고, 찾아다녀야 여러분 앞에 나타날 겁니다.

4. 현재완료 시제

I have been to New York three times.   나는 뉴욕에 세 번 가봤다.
He has studied for 7 hours.   그는 7시간동안 공부하고 있다.
They have lost their dream.   그들은 그들의 꿈을 잃었다.
We have never seen the ghost.   우리는 그 유령을 본 적이 없다.
I have just finished my homework.   난 숙제를 막 끝마쳤다.

완료 시제라는 것은 Have(has)+ p.p.(과거분사) 의 형태로 동사를 변화시켜서 과거의 어떤 시점부터 시작하여, 현재에 완료되는 행위나 현재까지의 상태를 나타내는 것이다. 중요한 것은 과거에 시작하고 현재에까지 영향을 미치는 내용을 나타내는 시제표현이라는 점이다.

(1) 현재완료시제 만들기

I live in this house. → I have lived in this house.
He think of his future. → He has thought of his future.
They collect coins. → They have collected coins.

※ 완료시제 have(has)+p.p. 에 쓰이는 p.p. 앞의 have(has)는 가지다의 뜻이 아닌 시제를 표현하기 위한 형태이다.

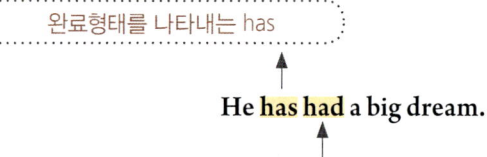

He has had a big dream.

	현재시제	현재완료시제
기본형	V	have p.p.
3인칭 단수주어	He runs.	He has run.
그 이외의 주어	They run. I run. You run ◆ run-ran-run	They have run. I have run. You have run.

- 주어가 3인칭 단수 일 때 has p.p.   - 그 이외의 주어는 have p.p.

(2) 현재완료시제의 의문문과 부정문

① 의문문

Have you ever been to Korea?   Has she finished it?   have(has)만 앞으로 빼주면 된다.

② 부정문

I have not been to Korea.   She has not finished it.   have(has)뒤에 not만 붙여주면 된다.
  (haven't)   (hasn't)

현재완료시제

1. 그녀는 / 보아오고 있다 / TV를 / 세 시간 동안

   have[has] watched 보아오고 있다
   for three hours 세 시간 동안

2. 그녀와 그녀의 가족들은 / 살아오고 있다 / 이 마을에 / 1997년부터

   have[has] lived 살아오고 있다
   in this village 이 마을에
   since 1997 1997년부터

3. 그는 / 공부해오고 있다 / 역사를 / 50년 동안

   have[has] studied 공부해오고 있다
   history 역사
   for 50 years 50년 동안

4. 그들의 친구는 / 떠났다 유럽으로

   have[has] left for Europe 유럽으로 떠났다

5. 그 마을의 사람들은 / 가본 적이 있다 유럽에

   the people of the village 그 마을사람들
   have[has] been to A A에 가본 적이 있다

6. 나는 / 막 끝냈다 / 내 숙제를

   have[has] just finished 막 끝냈다

7. 그들은 / 알아오고 있다 / 서로를 / 오랫동안

   have[has] known 알아오고 있다
   each other 서로
   for a long time 오랫동안

8. 그는 / 잃어 버렸다 / 그의 지갑을

   have[has] lost 잃어 버렸다
   wallet 지갑

9. 그는 / 일해오고 있다 / 이 회사를 위해 / 그가 스무 살 때부터

   have[has] worked for this company
   이 회사를 위해 일해오다
   since he was 20 그가 스무 살 때부터

10. 나는 / 보았다 / 이 영화를 / 두 번 / 그와 함께

    have[has] watched 보았다
    this movie 이 영화   twice 두번

11. 그는 / 보지 못했다 / 그녀의 진실을 아직

    have[has] not seen her truth yet
    아직 그녀의 진실을 보지 못했다

12. 그녀는 / 사랑해오고 있다 / 그녀의 남편을 / 20년 동안

    have[has] loved 사랑해오고 있다
    for 20 years 20년 동안

13. 그녀는 / 먹어봤다 / 이 음식을 / 여러 번

    have[has] eaten 먹어봤다
    this food 이 음식
    many times 여러번

14. 그는 / 이미 끝냈다 / 그의 업무를

    have[has] already finished 이미 끝냈다
    assignment 업무, 과제

15.	유럽에서 / 많은 사람들이 / 먹어본 적이 있다 / 김치를	in Europe 유럽에서 have[has] eaten 먹어본 적이 있다 kimchi 김치
16.	나는 / 일본에 가본 적이 있다 / 전에	Japan 일본 before 전에
17.	그녀와 나는 / 보아오고 있다 / 축구경기를 / 두 시간 동안	have[has] watched 보아오고 있다 a soccer match 축구경기 for two hours 두 시간 동안
18.	그녀의 남동생은 / 노력해오고 있다 / 새로운 방법을 찾는 것을 / 삼년 동안	have[has] tried to find a new method 새로운 방법을 찾는 것을 노력해오다 for three years 삼년 동안
19.	그녀는 / 만들어 오고 있다 / 그 마을의 사람들을 / 더 행복하게	have[has] made 만들어 오고 있다 the people of the village 그 마을의 사람들 happier 더 행복한
20.	그 클럽의 사람들은 / 주어오고 있다 / 그 고아원의 아이들에게 / 많은 돈을	have[has] given 주어오고 있다 the children in the orphanage 그 고아원의 아이들 a lot of money 많은 돈
21.	사람들과 동물들은 / 유지해오고 있다 / 좋은 관계를	animals 동물들 have[has] kept 유지해 오고 있다 relationship 관계
22.	2002년부터 / 한국인들은 / 개발해 오고 있다 / 많은 스포츠 장비들을	have[has] developed 개발해 오고 있다 gears for sports 스포츠 장비들
23.	그 학교의 정책은 / 허용해 오고 있다 / 학생들에게 / 그들의 머리카락을 염색하는 것을	policy 정책 have[has] allowed A toV A에게 V하도록 허용해오고 있다 dye 염색하다 hair 머리카락
24.	그들의 성과는 / 이미 접근했다 / 그들의 목표에	achievement 성과 have[has] approached ~에 접근했다 goal 목표
25.	우리는 / 건설해오고 있다 / 많은 다리와 댐들을	have[has] constructed 건설해 오고 있다 many bridges and dams 많은 다리와 댐들
26.	그는 / 해결해오고 있다 / 많은 아이들의 문제들을 / 3년 동안	have[has] solved 해결해오고 있다 problems of many children 많은 아이들의 문제들

He has enjoyed skiing.

5. 그 밖의 시간표현들

과거완료 : had p.p. (~했었다)

1. 그는 / 말했다 / 그가 많은 장난감을 만들었었다고
   said 말했다   had made 만들었었다
   many toys 많은 장난감들

2. 그 사냥꾼은 / 물었다 / 그 농부에게 / 그가 여우를 보았었는지
   the hunter 그 사냥꾼   asked 물었다
   the farmer 그 농부   if he had seen
   a fox   그가 여우를 보았었는지

3. 그 당시에 / 나는 / 생각했다 / 누군가 그녀를 도왔었다고
   at that time 그 당시에   thought 생각했다
   someone had helped her
   누군가 그녀를 도왔었다

4. 나는 / 그녀와 데이트를 했었다 / 그가 나타나기 전에
   had had a date with her
   그녀와 데이트를 했었다
   appeared 나타났다

5. 그 회사의 직원은 / 멋진 아이디어를 가졌었다
   a member of the company
   그 회사의 직원   had had a great idea
   멋진 아이디어를 가졌었다

6. 그녀와 나는 / 매우 좋은 친구였었다
   had been very good friends
   매우 좋은 친구였었다

7. 그 나라의 인구는 / 증가했었다
   population of the country 그 나라의 인구
   had increased 증가했었다

8. 그녀는 / 허락했었다 / 그에게 / 그 아이와 어울리는 것을
   had allowed 허락했었다
   get along with ~와 어울리다

9. 그는 / 깨달았다 / 그녀가 그를 사랑했었다고
   realized 깨달았다
   had loved 사랑했었다

10. 카페안의 사람들은 / 후회했다 / 그들이 그를 도망치도록 돕지 않았었던 것을
    the people in the cafe 카페안의 사람들
    regretted 후회했다
    had not helped him (to) escape
    그를 도망치도록 돕지 않았다

미래 완료형태 : will have p.p. (~ 해오게 된다)

11. 그녀는 / 살아오게 된다 / 21년 동안 / 내년이면
    for 21 years 21년 동안
    by next year 내년이면

12. 나는 / 일해 오게 된다 / 이 회사를 위해 / 20년 동안 / 다음 달이면
    work for this company 이 회사를 위해 일하다
    by next month 다음 달이면

13. 그들의 선생님은 / 가르치게 되는 것이다 / 학생들을 / 50년동안
    have taught 가르쳐 왔다

14. 그의 아이들은 / 형성해 오게 될 것 이다 / 그들의 내부 에너지를 / 평생동안

form 형성하다 inner 내부의
for a life time 평생 동안

15. 그 마을의 사람들은 / 반대해오게 된다 / 그 계획을 / 그 시장이 마음을 바꿀 때까지

village 마을 object to N ~을 반대하다
until ~까지 mayor 시장
change one's mind 마음을 바꾸다

현재완료 진행표현: have(has) been ~ing (~ 해오는 중이다)

16. 그녀는 / 컴퓨터 게임을 해오고 있는 중이다 / 세 시간 동안

play computer games 컴퓨터 게임을 하다

17. 우리들은 / 축구를 해오고 있는 중이다 / 두 시간동안

play soccer 축구를 하다

18. 그는 / 노력해오고 있는 중이다 / 거대한 로봇을 만드는 것을

try toV ~하는 것을 노력하다
giant 거대한

19. 한국의 대통령은 / 최선을 다해오는 중이다 / 그 나라의 사람들을 위해

the president of Korea 한국의 대통령
try[do] one's best 최선을 다하다
the people of the country 그 나라의 사람들

20. 나는 / 숙제를 해오는 중이다 / 환경을 보전하는 것에 대한

do homework 숙제를 하다
about conserving environment
환경을 보전하는 것에 대한

21. 그녀는 / 기다려오는 중이다 / 그녀의 가족을 / 50년 동안

wait for ~을 기다리다

22. 그들의 선생님은 / 설명해오고 있는 중이다 / 왜 낮의 길이가 바뀌는지를

explain 설명하다
why the length of the day changes
왜 낮의 길이가 바뀌는지

23. 그녀는 / 생각해오는 중이다 / 마케팅 방법에 대해

think about ~에 대해 생각하다
marketing method 마케팅 방법

MEMO

Chapter 05

조동사

Chapter 05 조동사

조동사는 be동사와 일반동사의 앞에서 쓰여서, 동사의 내용을 구체화 시키는 역할을 한다.

They can play chess.	그들은 체스를 할 줄 안다.
She may be your boss.	그녀는 네 사장님일 거야.
I can be your friend.	난 네 친구가 될 수 있을 거야.
You must do your job.	너는 네 일을 해야만 해.

조동사의 특징

조동사는 위 문장들에서 볼 수 있듯이 다음의 문법적 특징들을 갖는다.

1) 앞의 어떤 주어-1,2,3인칭, 단/복수-가 오든 그 모양이 변하지 않는다.

   She can play the piano.   You can play the piano.   I can play the piano.

2) 조동사 뒤에는 항상 동사의 기본형이 온다.

   They must leave now.   You will have a car.   He should return it to you.

3) 조동사를 연속해서 두 번 사용하지 않는다.

   They will can have some trouble. (x)

   They will be able to have some trouble. (o)

   They can be going to have some trouble. (o)

조동사가 들어간 문장에서는 조동사와 뒤에 오는 동사모두를 한 덩어리로 해석하고 영작한다. 다양한 뜻을 가진 여러 개의 조동사들이 있으므로, 어휘를 모두 외워야한다.

can : 가능, 허락을 나타냄

1. 너는 / 갈 수 있어 지금

2. 제가 당신을 도와 드릴까요?

3. 나는 / 도울 수 있다 / 그녀를 / 사진을 찍도록   take a picture 사진을 찍다

could : can의 과거형태, 가정의 의미

1. 그녀는 / 만들 수 있었다 / 너를 / 좋은 남자로

2. 그들의 선생님은 / 가르칠 수 있을 거야 / 더 많은 학생들을 / 한국에서

3. 그 학교의 교장은 / 바꿀 수 있었다 / 그들의 마음을   The principal of the school 그 학교의 교장
change their mind 그들의 마음을 바꾸다

may : 가능, 허락의 의미

1. 그의 말은 / 사실 일 지도 모른다   his words 그의 말
be true 사실이다

2. 너는 / 가도 된다 / 네 숙제를 끝낸 후에   after finishing your homework
네 숙제를 끝낸 후에

3. 그것은 / 도울 수 있을지도 모른다 / 너를 / 그녀를 찾도록   help you (to)V 너를 ~하도록 돕다

might : may의 과거, 가정의 의미

1. 그는 / 도울 수 있을지도 모른다 / 그의 아내를 / 그 아이들을 돌보도록   help A (to) V A가 V하도록 도와주다

2. 그 공장은 / 오염시킬지도 모른다 / 우리의 강을   pollute 오염시키다

3. 내 어머니는 / 선생님일지도 모른다

shall : 의지, 제안을 나타냄

1. 우리 춤을 출까요?

2. 우리 박물관에 갈래 한강 근처에 있는?   museum 박물관   near 근처에
   Han river 한강

3. 나는 / 하지 않겠다 / 그것을

should : shall의 과거, 의무의 표현

1. 우리는 / 도와주어야만 한다 / 가난한 사람들을 / 행복해지도록   become happy 행복해지다

2. 그는 / 가지 말아야 한다 / 그곳에 / 그녀를 위해

3. 누군가는 / 연락해야한다 나에게   someone 누군가
   contact me 나에게 연락하다

will : 의지를 나타냄 (미래)

1. 나는 / 좋은 선생님이 될 것이다 / 많은 학생들을 위해

2. 그녀는 / 알게 될 것이다 / 내가 그녀를 사랑 한다는 것을

3. 현재 상황 때문에 / 나는 / 정치인이 될 것이다   because of ~때문에
   current situation 현재 상황
   a politician 정치인

would (1) : will의 과거, 정중한 표현, 가정의 의미

1. 그녀는 / 이끌려고 했었다 / 그녀의 팀을 / 더 높은 점수를 얻도록   lead A toV A가 ~하도록 이끌다

2. 전철역으로 가는 길을 나에게 가르쳐 주실래요?   show me the way to the subway station
   전철역으로 가는 길을 나에게 알려주다

3. 그는 / 끝내려고 할거야 / 그것을 / 어쨌든   finish 끝내다   anyway 어쨌든

would (2) : 과거의 불규칙적인 습관, ~ 하곤 했다

1. 그녀는 / 가곤했다 / 그 축제에 / 그녀의 친구들과 함께   the festival 축제

2. 그들은 / 마시곤 했다 / 뜨거운 물을 / 보드카와 함께   vodka 보드카, 러시아의 술

3. 그는 / 미소 짓곤 했다 / 나에게 / 큰 나무 아래에서   smile at me 나에게 미소 짓다
   under ~아래에서

used to : 과거의 규칙적인 습관, ~하곤 했다 (지금은 아니다)

1. 나는 / 다녔었다 / Jisang 중학교에   middle school 중학교

2. 다리가 있었다 / 우리 집 근처에   There used to be ~이 있었다

3. 그는 / 수줍은 소년이었다   shy 수줍은

must : ~ 해야만 한다 ~임에 틀림없다

1. 우리는 / 보호해야 한다 / 환경을   conserve 보호하다, 보전하다

2. 너는 / 도와주어야만 한다 / 나를 / 그를 만나도록

3. 그녀는 / 부자임에 틀림없다   a rich 부자

ought to : ~ 해야만 한다

1. 우리는 / 지켜야만 한다 / 교통규칙을   traffic rules 교통규칙
   obey 지키다, 따르다

2. 그들은 / 알아야만 한다 / 그녀의 진실에 대해   know about ~에 대해 알다
   truth 진실

3. 너는 / 허락해야한다 / 그녀가 / 네 컴퓨터를 쓰도록   allow A toV A가 V하도록 허락하다

would rather : 차라리 ~하겠다

1. 나는 / 차라리 먹겠다 / 찬밥을   cold rice 찬밥

2. 나는 / 차라리 떠나겠다 / 너희 둘 모두를   leave someone 누군가를 떠나다
   both of you 너희 둘 모두

3. 나는 / 차라리 만들겠다 / 그녀를 / 울지 않도록   make A not V A가 V않도록 만들다

had better : ~하는 게 더 낫다

1. 너는 / 먹는 게 더 낫다 / 이 약을   take this medicine 이 약을 먹다

2. 그는 / 가는 게 더 낫다 / 전철역으로   subway station 전철역

3. 그들은 / 보는 게 더 낫다 / 액션 영화를   an action movie 액션 영화

may well : ~하는 것도 당연하다(무리는 아니다), 아마 ~일 것이다

1. 그가 / 잊는 것도 당연하다 / 그녀를   forget 잊다

2. 그들이 / 원하는 것도 당연하다 / 너에게 / 그들을 도와 주도록   want A toV A에게 V하도록 원하다

3. 그녀가 / 슬퍼하는 것도 당연하다   be sad 슬퍼하다

may as well : ~하는 편이 더 낫다 / may as well A as B : A 하는게 B보다 낫다

1. 너는 / 도와주는 게 더 낫다 그를 / 무시하는 것 보다는 그를   ignore 무시하다

2. 그들은 / 이곳에 오는 것이 더 낫다   come here 이곳에 오다

3. 그녀는 / 이곳에 있는 것이 더 낫다   be here 이곳에 있다

be going toV : ~할 것이다

1. 그들은 / 도울 것이다 / 너를 / 그 방법을 찾도록   method 방법

2. 그녀의 친구는 / 방문할 것이다 / 그녀의 아버지를   visit 방문하다

3. 그는 / 알게 될 것이다 / 그녀의 비밀에 대해   know about ~에 대해 알다
   secret 비밀

be able toV : ~할 수 있다

1. 그는 / 만들 수 있다 / 그녀를 / 행복하게

2. 그들의 노력은 / 도울 수 있었다 / 가난한 아이들에게 / 새로운 희망을 갖도록   effort 노력
   have new hope 새로운 희망을 갖다

3. 너는 / 사줄 수 있다 / 그들에게 / 많은 자동차들을   buy A B A에게 B를 사주다

have toV : ~ 해야한다

1. 그는 / 생각해야만 한다 / 그들의 문제에 대해

2. 그녀는 / 일해야만 했다 / 하루에 여덟 시간 이상동안   for more than 8 hours a day
   하루에 8시간 이상동안

3. 그들은 / 도와주어야만 한다 / 우리를 / 그 일을 해결하도록   solve 해결하다

be about toV : 막 (곧) ~하려고 한다

1. 그는 / 막 떠나려고 했었다 / 서울을   leave A A를 떠나다

2. 그들은 / 막 시작하려고 한다 / 새로운 사업을 / 인도에서   business 사업
   in India 인도에서

3. 그녀는 / 막 허용하려고 한다 / 그녀의 학생들에게 / 학교 밖에 나가는 것을 / 점심 시간 동안에   go out of school 학교 밖에 나가다
   during lunch time 점심시간동안

🖊 조동사+have p.p.의 특별한 의미

He got good grades. He **must have studied** hard. 그는 좋은 점수를 받았다.
그는 열심히 공부 했음에 틀림없다.
He **must have been** a teacher. 그는 선생님 이었음에 틀림없다.
You **should have met** her at that time. 너는 그 당시에 그녀를 만났어야 했어.
I **could have sent** you an invitation. 난 너에게 초대장을 보내 줄 수도 있었는데.
You **needn't have sent** me the letter. 너는 내게 편지를 보낼 필요가 없었는데.
They **might have known** each other. 그들은 서로 알고 있었는지도 모르겠다.

※ 조동사 뒤에 have p.p. 의 형태가 오면 주로 과거의 일에 대한 것을 나타낸다.

종류	의미
should have p.p.	~했어야 했다(그렇지만 하지 않았다)
could have p.p.	~ 할 수 있었다(그렇지만 하지 못했다)
must have p.p.	~ 했음에 틀림없다.
needn't have p.p.	~ 할 필요 없었다(그렇지만 했다)
might(may) have p.p.	~했을지도 모른다
can not have p.p.	~ 했을리 없다

🖊 조동사와 결합하는 동사의 기본형들

앞서 살펴본 바와 같이 조동사는 그 뒤에 동사의 기본형(원형)이 오는 특징이 있다. 조동사의 뒤에 오게 되는 동사의 기본형에는 여러 가지 종류가 있다.

I must *finish* this.   일반동사 기본형 finish
It may *be* true.   be동사 기본형 be
They should *be sent* to my friend.   수동태 기본형 be sent
I will *be watching* TV at 2.   진행시제 기본형 be watching
I will *have lived* for 29 years by next year.   완료시제 기본형 have lived

위에서 보는 것과 같이 조동사의 뒤에 오는 동사의 기본형은 다음과 같다.

종류	형태
일반동사의 기본형	일반동사의 기본형(want, go, visit, drink ...)
be 동사 기본형	be
진행시제 기본형	be + 동사기본형 ing
수동태 기본형	be+ p.p (과거분사)
완료시제 기본형	have+ p.p (과거분사)

could have p.p : ~할(일) 수도 있었다

1. 그녀는 / 구조할 수 있었다 / 그 어린 아이를 / 강으로부터   rescue 구조하다

2. 그는 / 행복할 수도 있었다 / 나와 함께   be happy 행복하다

3. 그는 / 만들 수 있었다 / 그들을 / 좋은 학생들로

may[might] have p.p : ~했(였)을지도 모른다

1. 그녀는 / 선생님이었을 지도 몰라

2. 그들은 / 돌아다녔을 지도 모른다 / 지구 주위를   roam around ~주위를 돌아다니다

3. 그는 / 사랑했을 지도 모른다 / 그녀를

must have p.p : ~했(였)음에 틀림없다

1. 그들은 / 훔쳤음에 틀림없다 / 금을 / 그 은행에서   steal-stole-stolen 훔치다
   gold 금

2. 너는 / 거짓말을 했음에 틀림없다 / 그녀에게   lie-lied-lied 거짓말하다

3. 그들이 / 이곳에 있었음에 틀림없다   be here 이곳에 있다

should have p.p : ~했(였)어야 한다

1. 너는 / 도착했어야만 해 이곳에 / 30분 전에   arrive-arrived-arrived 도착하다
   here 이곳에
   30 minutes ago 30분전에

2. 너는 / 공부를 했어야만 해 / 더 열심히   study-studied-studied 공부하다
   harder 더 열심히

3. 그들은 / 만들었어야 한다 / 그들의 아이들을 / 그들 스스로 일을 다루도록   deal with the task 일을 다루다
   on their own 그들 스스로

need not have p.p : ~할 필요 없었다

1. 너는 / 사줄 필요가 없었어 / 내게 / 새 컴퓨터를

2. 그녀는 / 도와줄 필요가 없었다 / 그녀의 친구들을

3. 그는 / 찾을 필요가 없었다 / 그의 옛날 사진을   old photo 옛날 사진

can not have p.p : ~했(였)을리 없다

1. 그는 / 도와주었을 리가 없다 / 그녀를 / 행복해 지도록

2. 그녀는 / 말했을 리가 없다 / 그가 그녀를 그리워 했다고   say-said-said 말하다
he missed her 그가 그녀를 그리워했다

3. 너는 / 있었을 리가 없다 / 그 곳에

반복되고 스트레스 받는 일상으로부터 여러분을 편안하게 하는 것은 무엇인가요?

열심히 공부한 후에 스트레스를 날려버릴 무언가를 찾아봅시다~!

MEMO

Chapter 06

수동태

Chapter 06 수동태

수동태라는 것은 말 그대로 능동의 의미가 아닌 수동의 의미를 나타내는 문장을 뜻한다. 앞서 동사를 소개하면서 표에서 보았듯이 문장에는 능동과 수동의 두 가지 모양이 존재한다. 그렇지만 모든 문장을 수동태로 표현할 수 있는 것은 아니다. 수동으로 표현하기 위해서는 능동태의 문장에 '목적어'가 필요하다.

일반적으로 수동태 문장을 나타나는 경우는 두 가지 경우이다.

① 행위자를 알 수 없을 때(혹은 알 필요가 없을 때- 실험보고서의 내용 등)
② 목적어를 강조하고자 할 때

> The window was broken yesterday by someone.
> Sally is loved by Tom.

수동태 서술어는 기본형으로 [be동사 +p.p.(past participle) : 과거분사]의 형태를 갖는다.

능동태와 수동태의 시제

	기본형	과거완료	과거	과거진행	현재완료	현재	현재진행	미래
능동	V	had+Ved	Ved	be동사과거 + Ving	have+Ved	V	be동사현재 + Ving	will V
	love	had loved	loved	was loving	have loved	love	am loving	will love
	사랑하다	사랑했었다	사랑했다	사랑하고 있었다	사랑해오고 있다	사랑한다	사랑하는 중이다	사랑할 것이다
수동	be동사+p.p (과거분사)	had been p.p.	be동사과거 + p.p.	be동사과거 + being p.p.	have been p.p.	be동사현재 + p.p.	be동사현재 + being p.p.	will be p.p.
	be loved	had been loved	was loved	was being loved	has been loved	is loved	is being loved	will be loved
	사랑받다	사랑받았었다	사랑받았다	사랑받고 있었다	사랑받아 오고 있다	사랑받는다	사랑받고 있는 중이다	사랑받을 것이다

※ 능동태는 I love him. 이라는 문장에서 시제 변화. 수동태는 He is loved by me. 에서 시제 변화.

능동태 문장을 수동태로 만드는 방법

앞서 말했듯이 능동과 수동의 차이는 의미의 차이가 아니다. 누가 누구에게 무엇을 하였는가 하는 내용은 같으나, 주어를 누구로 놓느냐 하는 '태(voice)'의 차이인 것이다. 따라서 능동태와 수동태의 문장은 시제가 일치해야하며, 의미도 같아야 한다.

능동태

She / meets / her mother / at the school. 그녀는 학교에서 그녀의 어머니를 만난다.
주어 동사(현재)   목적어   부사구

① 능동태의 목적어를 찾아 수동태의 주어로 놓는다.

Her mother

② 능동태의 시제와 동일하게 be동사를 결정한 후 +p.p. 하여준다.
→ 위 능동태의 문장이 현재시제 이므로 수동태의 be동사도 현재시제를 사용한다.

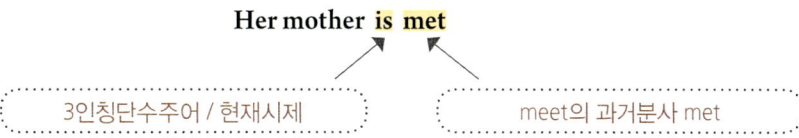

3인칭단수주어 / 현재시제   meet의 과거분사 met

③ 능동의 주어를 by+목적격 형태로 만든 후 부사구가 있으면 첨가

Her mother is met by her at school.
그녀의 어머니는 학교에서 그녀에 의해 만나지게 된다.

위 과정을 통해 같은 의미를 갖는 두 가지 형태의 문장이 만들어지게 되는 것이며, be+p.p.의 동사형태를 원형으로 갖는 문장의 형태를 수동태라 한다. 앞으로 많은 시제를 펴 볼 것인데, 각각의 시제에서 be동사만 모양이 변하고, 그 뒤에 p.p.를 붙여주면 완성 된다.

3, 4, 5형식 문장의 수동태

앞서 보았듯이 수동태는 능동태의 목적어를 주어로 쓰는 문장의 형태이다. 문장의 형식 중에서 목적어가 존재하는 것은 3, 4, 5형식이며 각 문장의 목적어의 개수는 - 수동태문장 주어의 개수가 되므로 - 바꿀 수 있는 문장의 개수를 나타낸다.

문장의 형식	목적어 개수	능동	수동
3	1	He likes the doll S V O	The doll is liked by him.
4	2	They gave me a car. S V I.O. D.O.	① I was given a car by them. ② A car was given (to)me by them.
5	1	Cho made me a doctor. S V O O.C.	I was made a doctor by Cho.

위 표에서 보면 알 수 있듯이 목적어의 개수에 따라 수동태의 문장 개수가 정해진다. 3형식과 5형식은 각각 목적어가 한 개씩 존재 하므로 하나의 수동태 문장이 만들어 지며, 4형식은 목적어가 두 개 존재하기 때문에 두 개의 수동태문장이 만들어지게 되는 것이다.

5형식의 경우 목적보어로 명사가 올 경우에는 목적어와 목적보어를 혼동할 수 있는데, 이때는 목적어를 바르게 찾아 수동태의 주어로 쓰는 것이 중요하다.

위 표에서 만일 목적보어인 doctor를 주어로 써서 수동태를 나타낸다면

A doctor was made me by Cho.
'의사는 Cho에 의해 나로 만들어 졌다.'라는 어색한 문장이 나오게 되는 것이다.

수동태의 시제

시제	현재시제	
태	능동태	수동태
기본형	V	be+p.p. (am, are, is)
예문	They use a new car.	A new car is used by them.
시제	과거시제	
태	능동태	수동태
기본형	Ved	be + p.p. (was, were)
예문	They used a new car.	A new car was used by them.
시제	과거진행	
태	능동태	수동태
기본형	be동사 + Ving (was, were)	be동사 + Ving ⇨ be동사 + being p.p. (was, were)
예문	They were using a new car.	A new car was being used by them.
시제	현재진행	
태	능동태	수동태
기본형	be 동사 + Ving (am, are, is)	be동사 + Ving ⇨ be동사 + being p.p. (am, are, is)
예문	They are using a new car.	A new car is being used by them.
시제	현재완료	
태	능동태	수동태
기본형	have + p.p.	have + p.p. ⇨ have been p.p.
예문	They have used a new car.	A new car has been used by them.
동사	조동사	
태	능동태	수동태
기본형	will + 동사원형	will + 동사원형 ⇨ will be p.p.
예문	They will use a new car.	A new car will be used by them.

수동태

다음을 수동태로 나타내어라.

1. She made a new car.

2. They created the most expensive item.

3. She calls her father "Fa".

4. I will see you soon.

5. She has helped the old since she was young.

6. I am doing my new project.

7. They have built the building for 3 years.

8. They need more copies.

9. She can eat them.

10. He was seeing you.

11. She has eaten many apples.

12. I will find him.

13. He played soccer.

14. She loves that book.

15. We used that car.

16. I am seeing him.

17. They bought a puppy.

18. They called him Jack.

19. I told him to go out.

20. I sing the song.

21. She threw the cup into the air.

22. He broke the window.

23. You write the letter.

24. She has watched this movie before.

25. He lit the candle to alter the mood. alter 바꾸다   mood 분위기
    light-lit-lit 불붙이다

26. They are making a new movie.

27. She has written a novel for over 10 years.

28. The members of the team should pay attention to the need of   need 어려움, 요구
    the people.

29. The girl on the beach looked for someone. | look for 찾다

30. Her mother used to use the car for commuting. | commute 통근하다

31. She was taking care of many orphans. | orphans 고아들

32. The man on the road needed help from the police.

33. They added the style to the necessity. | necessity 필수적인 것
needle 바늘

34. The sewing machine replaced the needle and thread. | sewing machine 재봉틀
needle 바늘   thread 실

35. You should find the dog.

36. She read all books from the bookshelf. | bookshelf 책장

다음을 영작하시오.

1. 그녀는 용감했었다고 일컬어 진다
   It is said that ~라 일컬어 진다
   brave 용감한

2. 그 이야기는 사실이라고 믿어진다
   It is believed that ~라 믿어진다
   the story 그 이야기   true 사실인

3. 우정은 가장 귀중한 것으로 여겨진다
   A is considered B A는 B라고 여겨지다
   friendship 우정
   the most valuable thing 가장 귀중한 것

4. 그것은 유용하게 쓰였었다고 생각되어진다
   It is thought that ~라 생각되어진다
   usefully 유용하게

5. 그녀는 / 허락되지 않는다 / 쇼핑몰에 강아지와 함께 들어가는 것이
   be allowed toV ~하도록 허락되다
   go into the shopping mall
   쇼핑몰에 들어가다

6. 그들은 / 가르침을 받았다 / 어려움에 처한 사람들을 돕도록
   be taught toV ~하도록 가르침을 받다
   people in need 어려움에 처한 사람들

7. 나는 / 말을 들었다 / 그녀와 연락하지 말라고
   be told not toV ~하지 말라고 듣다
   contact her 그녀와 연락하다

8. 그 동물들은 / 죽임을 당했다 / 사람들의 욕심에 의해
   greed 욕심

9. 그녀는 / 취급받는다 / 아이처럼
   treat 다루다, 취급하다
   like a child 아이처럼

10. 새로운 증거가 / 발견되어오고 있다 / 과학자들에 의해
    evidence 증거
    has been found 발견되어오고 있다
    scientists 과학자들

11. 그들은 / 부상을 당했다 / 그 공격으로부터
    be wounded 부상을 당하다
    attack 공격

12. 그들은 / 사랑받았다 / 많은 젊은 여성들로부터

13. 그녀는 / 보여졌다 / 그 남자를 돕는 것이
    be seen toV ~하는 것이 보여지다

14. 그 팀은 / 이끌어 졌다 / John에 의해   lead-led-led 이끌다

15. 많은 발명품들이 / 만들어 졌다 / 우리의 편의를 위해   inventions 발명품들
                                                    convenience 편의

16. 그 아이들은 / 보살펴 져야 한다 / 좋은 부모에 의해   take care of 보살피다
                                                    parents 부모

17. 그 학교의 학생들이 / 초대 될 것이다 / 그 파티에   invite-invited-invited 초대하다
                                                    to the party 그 파티에

18. 그 기계는 / 설계 되었다 / 대한민국의 과학자들에 의해 design-designed-designed 설계하다
                                                    Korean scientists 대한민국의 과학자들

19. 그녀의 사진이 / 찍히고 있는 중이다 / 축제에서   take a picture 사진을 찍다
                                                    in the festival 축제에서

20. 남대문은 / 고쳐져 오고 있다 / 유명한 장인들에 의해   Nam daemoon 남대문
                                                    be fixed 고쳐지다
                                                    master craftsmen 장인들

21. 정부의 강 개발 사업은 / 중지 되어야 한다.   government's river-development business
                                                    정부의 강 개발 사업
                                                    stop 중지하다

22. 그 강아지는 / 알려져 왔다 / 평화의 상징으로   be known as ~라 알려지다
                                                    a symbol 상징   peace 평화

23. 창문이 / 깨어졌다 / 누군가에 의해 / 어젯밤에   be broken 깨어지다
                                                    last night 어젯밤에

24. 동물들은 / 보호되어야만 한다 / 우리에 의해   be protected 보호되다

25. 그 음식은 / 만들어 졌다 / 내 어머니에 의해

26. 그 그림은 / 보관되어오고 있다 / 그 박물관 안에   be kept 보관되다
                                                    in the museum 그 박물관 안에

여러분의 삶을 음악으로 표현한다면 어떤 음악인가요?

📝 준동사 (Verbals)

영어에서 동사를 활용하여 서술어 이외의 목적으로 사용하는 형태를 준동사(verbals)라고 하는데, 바로 여러분이 알고 있는 to부정사와 동명사 그리고 분사가 그것이다. 예를 들어, eat(먹다)라는 동사를 가지고 「먹기, 먹어서, 먹는 것, 먹기 위해서, 먹는, 먹히는」 등의 뜻으로 사용하기 위해서 to eat/ eating / eaten 등으로 변형하는 것을 뜻한다.

(1) to부정사 (to+동사원형)

의미: ~하는 것(명사적) ~할, ~하려는, ~하기 위한(형용사적) ~하기위해서, ~해서, ~할 뿐이다 등(부사적) ※ 명사적, 형용사적 쓰임 이외의 모든 쓰임은 부사적 의미

- 쓰임이 아주 많기 때문에 to부정사(품사를 정할 수 없다는 의미)라고 부른다.

>   *(To buy the book)* I saved some money.
>   그 책을 사기 위해서
>   *(To buy the book)* was my wish.
>   그 책을 사는 것은
>   The promise *(to buy the book)* was not kept.
>   그 책을 사려는

(2) 동명사 (동사원형+ing)

의미: ~하는 것

>   *(Buying a book)* means *(having interest in certain subject)*.
>   책을 사는 것   어떤 주제에 관심을 갖는 것

(3) 분사 (동사를 형용사처럼 쓰는 것)

종류	현재분사	과거분사
형태	동사원형+ing	동사원형+ed 혹은 불규칙변화(p.p.)
의미	~하는(~하고 있는)- 능동과 진행의 의미	~되는(~ 되었던)- 수동과 완료의 의미

>   The book *(bought by many people)* is very interesting.
>   많은 사람들에 의해 구매되는
>   The people *(buying the book)* were interested in conserving our environment.
>   그 책을 사는

어렵게 생각하지 말고 위에 언급했던 우리말의 의미를 나타내는 표현이라고 생각하자
  ('서술어'는 아닌 동사의 활용)

Chapter
07

to부정사

Chapter 07   📖 to부정사

동사를 서술어 이외의 목적으로 활용할 때, 우리나라말에서는 '~하는 것, ~할, ~하기 위한, ~하기 위해서, ~하기 위한, ~ 하라고, ~하도록' 등으로 다양하게 쓸 수 있다. 그렇지만, 영어에서는 이 모든 표현이 세분화 되어있지 않고, 'to 부정사: to+동사원형'의 한 가지 형태로 모든 뜻을 나타낸다. 따라서, to부정사의 다양한 의미를 숙지하고 영작과 독해를 통해서 그 쓰임을 익혀야 한다.

✏️ to부정사의 의미

기본형: to+동사원형
의미: 하는 것, ~할, ~하기 위한, ~하기 위해서, ~하기 위한, ~ 하라고, ~하도록 ...

[help the needy 어려운 사람들을 돕다] 라는 표현을 가지고 영작을 하면

To help the needy / is necessary in our society.
어려운 사람들을 돕는 것은 / 우리 사회에 필요하다.

To help the needy / we raised a lot of money.
어려운 사람들을 돕기위해서 / 우리는 많은 돈을 모았다.

The money **to help the needy** / was raised by many people.
어려운 사람들을 돕기위한 돈이 / 많은 사람들에 의해 모금되었다.

We / urged / the participants of the meeting / **to help the needy**.
우리는 / 촉구했다 / 그 미팅의 참가자들에게 / 어려운 사람들을 도우라고.

위에서 보는 바와 같이 같은 모양의 to부정사라도 그 위치에 따라서 그 의미가 다양하다.

✏️ to부정사 영작과 해석에서 주의해야 할 점

to부정사는 동사를 바탕으로 활용하는 것이기 때문에, 앞서 배웠던 1형식~5형식 동사의 의미를 모두 표현할 수 있다. 따라서 목적어나 보어 그리고 부사(구)와 부사절이 있다면 함께 덩어리로 영작하고 해석한다.

To help the needy thoughtfully / can improve / their quality of life.
어려운 사람들을 사려깊게 돕는 것은 / 개선할 수 있다 / 그들의 삶의 질을.

To help needy (when they don't want help from others) / should be considered again.
(그들이 원하지 않을 때) 어려운 사람들을 돕는 것은 / 다시 고려되어야 한다.

To have the man read the book / will help him / to understand the situation.
그가 그 책을 읽도록 만드는 것은 / 그를 도와줄 것이다 / 그 상황을 이해하도록.

She / wanted / **to see the boy** / sing in front of many people.
그녀는 / 원했다 / 그 소년을 보는 것을 / 많은 사람들 앞에서 노래 하는 것을

To run around the park every evening / he bought a pair of shoes.
매일 저녁 공원주위에서 달리기 위해서 / 그는 신발 한 켤레를 샀다.

The book **to teach the children how to read** / is being written by him.
그 아이들이 읽는 법을 가르치기 위한 책은 / 그에 의해 쓰여지는 중이다.

✏️ to부정사의 일반적인 쓰임들

(1) ~하는 것(명사처럼 사용)

They / wanted / to be treated equally.
그들은 / 원했다 / 올바르게 취급받는 것을.

To be kind others / will give you /great advantage.
다른 이들에게 친절한 것은 / 줄것이다 너에게 / 엄청난 이점을.

She / plans / to publish a new book in this year.
그녀는 / 계획한다 / 올해 새로운 책을 출판하는 것을.

They / want / to be happy with you.
그들은 / 원한다 / 너와 함께 행복한 것을.

The man in the house / is expecting / to see you.
그 집의 남자는 / 기대하고 있다 / 너를 보는 것을.

(2) ~할, ~하기 위한, ~하려는(형용사처럼 사용)

The meeting to raise the awareness of the situation / will be held.
그 상황에 대한 인식을 올리기 위한 미팅이 / 개최될 것이다.

The plan to be with him / failed.
그와 함께 있으려는 계획은 / 실패했다.

With the show to make them happy, we achieved our goal.
그들을 행복하게 만드려는 쇼와 함께, 우리는 우리의 목표를 달성했다.

His effort to make the difference / inspired many people.
차이(변화)를 만드려는 그의 노력은/많은 사람들에게 영감을 주었다.

The device to help us do it faster / will be invented by the team.
우리가 그것을 더 빠르게 할 수 있도록 도와줄 장비는 / 그 팀에 의해 발명될 것이다.

(3) ~하기 위해서, ~해서, ~하도록, ~하라고

To make them know about the plan, I prepared a presentation.
그들이 그 계획에 대해 알도록 만들기 위해서, 나는 발표를 준비했다.

I was very disappointed / to hear / that you would not come.
나는 매우 실망했다 / 듣게 되어서 / 네가 오지 않을 거라는 것을.

She / allowed / the man / to see the patient.
그녀는 / 허락했다 / 그 팀에게 / 그 환자를 보도록.

They / asked / the team / to set up a new tool.
그들은 / 요청했다 / 그 팀에게 / 새로운 도구를 설치하라고.

The member of the organization / met the person / to find another way.
그 조직의 멤버는 / 그 사람을 만났다 / 새로운 방법을 찾기 위해서.

위 예문들에서 볼 수 있듯이 be동사도 동사이기 때문에 to부정사의 표현을 쓸 수 있다.

1. 매일 아침 뛰는 것은 / 건강에 좋다

run every morning 매일 아침 뛰다
good for health 건강에 좋은

2. 너와 함께 있는 것이 / 내 꿈이다

be with you 너와 함께있다

3. 행복한 것은 / 많은 것을 갖는 것이 아니다

be happy 행복하다
have many things 많은 것을 가지고 있다

4. 열심히 공부하는 것은 / 너의 미래를 위한 것이다

study hard 열심히 공부하다
something for your future
너의 미래를 위한 것

5. 불쌍한 아이들을 돕는 것은 / 필요하다 / 건강한 사회를 위해

help poor children 불쌍한 아이를 돕다
necessary 필요한   sound 건강한
society 사회

6. 그녀와 함께 노는 것은 / 만들었다 / 나를 / 기쁘게

play with her 그녀와 함께 놀다

7. 환경을 위해 작은 것을 하는 것은 / 어렵지 않다

do small things for environment
환경을 위해 작은 것을 하다
difficult 어려운

8. 아기들을 돌보는 것이 / 내 직업이다

take care of babies 아기들을 돌보다

9. 학생들에게 영어를 가르치는 것은 / 중요하다

teach students English
학생들에게 영어를 가르치다
important 중요한

10. 돈을 적절하게 사용하는 것은 / 필요하다

spend money properly
돈을 적절하게 사용하다
necessary 필요한

11. 매일 운동하는 것은 / 만든다 / 너를 / 더 건강하게

exercise every day 매일 운동하다
healthier 더 건강한

12. 매일 낮잠을 30분씩 자는 것은 / 줄 것이다 / 너에게 / 더 많은 에너지를

take a nap for 30 minutes every day
매일 낮잠을 30분씩 자다
more energy 더 많은 에너지

13. 그가 그녀와 결혼하도록 도와는 것은 / 매우 의미 있다

help him (to) marry her
그가 그녀와 결혼하도록 돕다
meaningful 의미있는

14. 내 일은 / 아이들이 안전하게 학교에 가도록 돕는 것이다

help children (to) go to school safely
아이들이 안전하게 학교에 가도록 돕다

---

15. 나는 / 원한다 / 왜 그녀가 떠났는지 알기를

want 원하다
know why she left 그녀가 왜 떠났는지 알다

---

16. 그녀는 / 약속했다 / 다시는 그를 만나지 않는 것을

promise 약속하다
not to meet him again
다시는 그를 만나지 않는 것

---

17. 그는 / 행복한 듯 보인다

seem toV ~인 듯 보인다

---

18. 그들은 / 동의했다 / 그를 가게 놔두는 것에

agree-agreed-agreed 동의하다
let him go 그를 가게 놔두다

---

19. 그 지역의 사람들은 / 기대했다 / 그 장소를 유명한 곳으로 만드는 것을

the people of the area 그 지역의 사람들
expect 기대하다
make the place a famous site
그 장소를 유명한 곳으로 만들다

---

20. 그는 / 좋아했다 / 다른 사람들을 돕는 것을

others 다른 사람들

---

21. 나는 / 원했다 / 내 부모님에게 / 내 생각을 존중해 주기를

want A toV A에게 V하기를 원하다
respect 존중하다   thought 생각

---

22. 그들은 / 기대했다 / 나에게 / 울기를

expect A toV A에게 V하기를 기대하다
cry 울다

---

23. 그는 / 거절했다 / 새로운 프로젝트를 시작하는 것을

refuse 거절하다
start a new project
새로운 프로젝트를 시작하다

---

24. 그들은 / 원했다 / 그들의 아이들에게 / 공부를 열심히 하는 것을

---

25. 그녀의 친구들은 / 동의했다 / 어려움에 처한 사람들을 돕는 것을

people in need 어려움에 처한 사람들

---

26. 가난한 사람들을 돕는 것은 / 세상을 더 행복한 곳으로 만드는 것이다

poor 가난한   place 곳, 장소

27. 그녀를 찾기 위해서 / 우리는 모든 것을 했다	find 찾다 do everything 모든 것을 하다
28. 우리는 / 그 프로젝트를 시작해야 한다 / 그의 뜻을 지속해 나가기 위해	continue 지속하다 the project 그 프로젝트 his will 그의 뜻
29. 그를 행복하게 만들기 위해 / 그녀는 주었다 그에게 / 커피 한 잔을 / 매일	a cup of coffee 커피 한 잔
30. 그 의사는 특별한 약이 필요했다 / 그 환자를 치료하기 위해	heal 치료하다 patient 환자 medicine 약 special 특별한
31. 그에게 도움을 주기 위해서 / 나는 거짓말을 했다 그녀에게	lie to her 그녀에게 거짓말을 하다
32. 그 시험에 통과하기 위해서 / 우리는 거절했다 / 콘서트에 가는 것을	pass the test 시험에 통과하다 refuse toV ~하는 것을 거절하다 go to the concert 콘서트에 가다
33. 그녀는 / 원했다 / 몇 곡의 노래를 부르기를 / 우리를 즐겁게 하기 위해서	sing 부르다 a few songs 몇 곡의 노래 entertain us 우리를 즐겁게 하다
34. 세차하기 위해서 / 그녀는 / 필요로 했다 / 동전들을	wash the car 세차하다 coins 동전들
35. 그녀의 사랑을 얻기 위해서 / 그는 / 심지어 그녀의 집에 갔다 / 매일 아침	get her love 그녀의 사랑을 얻다 even 심지어
36. 정각에 도착하기 위해서 / 나는 택시를 타야만 했다	arrive on time 정각에 도착하다 had toV ~해야만 했다 take a taxi 택시를 타다
37. 그녀가 그 클럽에 들어가는 것을 허락하기 위해서 / 그녀의 부모님은 / 원했다 / 그녀에게 / 더 열심히 공부하는 것을	allow her to join the club 그녀가 클럽에 들어가는 것을 허락하다 study harder 더 열심히 공부하다
38. 새로운 선생님은 / 원했다 / 학생들에게 / 서로 싸우지 않는 것을 / 더 즐거운 학교생활을 만들기 위해	want A not toV A에게 ~하지 않는 것을 원하다 each other 서로 more pleasant school life 더 즐거운 학교생활

39. 그녀를 행복하게 만들기 위한 파티는 / Marry에 의해 창조되었다	the party to make her happy 그녀를 행복하게 만들기 위한 파티 be created 창조되다
40. 아이들을 돕기 위한 계획은 / 성공적이었다	the plan to help children 아이들을 돕기위한 계획 successful 성공적인
41. 환경을 보호하기 위한 많은 방법들이 있다	there is(are) ~이 있다 ways 방법들 the environment 환경
42. 새로운 소설을 쓰기위한 자료들이 / 수집되었다	materials 자료들 write 쓰다 new novel 새로운 소설 collect 수집하다
43. 그녀를 찾기위한 방법들은 / 실패했다	find 찾다 fail 실패하다
44. 나는 / 가지고 있지 않다 / 함께 놀 친구를	play with ~와 놀다
45. 나는 / 샀다 / 읽을 책들을	buy-bought-bought 사다
46. 그들은 / 원했다 / 마실 무언가를	
47. 그녀는 / 가지고 있지 않았다 / 살 집을	live in ~에 살다
48. 그녀는 / 말했다 / 내게 / 그녀는 필요하다고 기댈 누군가가	tell A that A에게 ~라고 말하다 lean on ~에게 기대다
49. 나는 / 알고 있었다 / 그녀를 구하기 위한 방법들을	rescue 구하다
50. 공부를 하기 위한 시간은 / 아주 중요하다	important 중요한
51. 그녀는 / 알고 있었다 / 그가 먹을 무언가를 사올 것이라는 것을	something to eat 먹을 무언가
52. 그를 노래하도록 도와줄 누군가는 / 곧 이 곳에 올 것이다	someone to help him (to) sing 그를 노래하도록 도와줄 누군가 come here soon 이 곳에 곧 오다

가주어 it / 진주어 toV

To make a model plane is fun.

위 문장에서 밑줄 친 부분의 주어가 길어 서술어의 내용을 판단하기가 쉽지 않은 경우에, 가주어 it을 사용하여, 주어부분을 채우고, 나머지 부분을 서술어 뒤로 보낼 수 있다.

It is fun to make a model plane. * 이 때 it은 해석하지 않는다.

의미상 주어

가주어가 들어간 문장에는 to부정사구가 주어의 역할을 하게 되므로, 어떤 행위가 주어의 의미를 가진다. 따라서 그 행위가 누구에게 어떠한지를 나타내는 '의미상의 주어'를 표현 해주어야 하는데 다음과 같이 나타낸다.

It is dangerous (for you) to go out late at night.
It is kind (of you) to help the poor.
It is natural (for you) to say so.
It is difficult (for me) to pass the exam.

위에서 보는 바와 같이 의미상 주어는 형용사의 의미에 따라서 for, 혹은 of 를 사용하여 나타낸다. 일반적으로 앞에 설명하는 보어로 쓰인 형용사가 '어떤 상태를 표현할 때는 for를 사용'하고, '사람의 성품을 나타낼 때는 of 를 사용'한다.

<의미상 주어표현>

쓰이는 전치사	for	of
대표 문장형태(현재형)	It is 형용사 for ... to ⓥ	It is 형용사 of ... to ⓥ
형용사 종류	natural, dangerous, difficult, safe, easy, possible, important...	nice, kind, polite, rude, careless, honest, smart wise ...

가주어 / 진주어

53. 어렵다 / 영어를 공부하는 것이   hard 어려운
    study English 영어를 공부하다

54. 가능하다 / 그녀를 도와주는 것이   possible 가능한

55. 당연하다 / 그에게 있어 / 새로운 충고를 주는 것이   natural 당연한
    give new advice 새로운 충고를 주다

56. 친절하다 / 너에게 있어 / 가난한 친구들을 돕는것이   kind 친절한
    poor friends 가난한 친구들

57. 현명하다 / 그에게 있어 / 어머니의 말씀을 듣는 것이   wise 현명한
    listen to mother 어머니의 말씀을 듣다

58. 불가능 하다 / 그들에게 있어 / 그 차를 사는 것이   impossible 불가능한

가목적어 / 진목적어

make, think, consider, find, believe 등의 동사를 5형식으로 사용할 때, 이 동사들은 to부정사를 목적어로 가질 수 없다. 따라서 to부정사 목적어자리에 가목적어 it을 놓고 목적보어를 넣은 뒤에 진목적어 to부정사를 넣는 형태이다.

They / make / it / easy / to live here.
그것들은 / 만든다 / 쉽게 / 여기에 사는 것을
They / consider / it / difficult / to solve that problem.
그들은 / 여긴다 / 어렵다고 / 그 문제를 푸는 것을
We / believe / it / dangerous / to go out without any preparation.
우리는 / 믿는다 / 위험하다고 / 아무 준비없이 나가는 것을
He / found / it / impossible / to complete the task.
그는 / 알아냈다 / 불가능하다고 / 그 일을 완수하는 것을
Suhee / thought / it / natural / to leave him.
수희는 / 생각했다 / 당연하다고 / 그를 떠나는 것이

* 이 때 it은 해석하지 않는다

<가목적어 문장형식>

동사(make, find, think, believe, consider)	it (가목적어)	목적보어 (형용사, 명사)	toV (진목적어)
-한다	해석X	~하게, ~라고, ~로	…하는 것을

가목적어 / 진목적어

59. 그는 / 생각한다 / 좋다고 / 그녀를 위해 새로운 집을 지어주는 것을   good 좋은   build 짓다

60. 그들은 / 믿었다 / 규칙으로 / 매일 아침 조깅하는 것을   a rule 규칙
jog every morning 매일 아침 조깅하다

61. 그들은 / 발견했다 / 불가능 하다고 / 그녀를 찾아내는 것을   imposiible 불가능한
find her 그녀를 찾다

62. 그 여자는 / 생각했다 / 어렵다고 / 적절한 방법을 떠올리는 것을   hard 어려운
come up with 떠올리다
proper 적절한   method 방법

63. 그들은 / 여기고 있다 / 아름답다고 / 많은 나무들을 언덕에 심는 것을   consider 여기다
beautiful 아름다운   plant 심다

64. 그 여자는 / 생각했다 / 현명하다고 / 그를 떠나는 것을   wise 현명한   leave him 그를 떠나다

to부정사 종합

65. 나는 / 행복하다 / 너를 다시 보게 되어서   see 보다

66. 그는 / 슬펐다 / 그가 혼자남겨 졌다는 것을 알게 되어서   be left alone 홀로 남겨지다

67. 그와 함께 노는 것은 / 매우 재미있다   play with ~와 놀다   fun 재미있는

68. 나는 / 원한다 / 그를 공부하도록 돕는것을   help him (to) study 그를 공부하도록 돕다

69. 어려운 친구를 돕는 것은 / 좋은 것이다   a friend in need 어려운 친구
a good thing 좋은 것

70. 내 소원은 / 새로운 자동차를 사는 것이다   wish 소원

71. 그녀를 도와주기 위해서 / 우리는 / 많은 것을 참아야 했다   had to endure 참아야 했다

72. 읽을 책들이 선반위에 있다	there is(are) ~이 있다 on the shelf 선반위에
73. 창문을 열어놓고 자는 것은 / 좋지 않다	sleep with window open 창문을 열어놓고 자다
74. 재미있는 소설을 쓰기 위해서 / 그는 방문했다 많은 도시들을	interesting novel 재미있는 소설 visit 방문하다 many cities 많은 도시들
75. 나는 공원에 가곤했다 / 친구들과 점심을 먹으러	would ~하곤 했다 have lunch 점심을 먹다
76. 보는 것이 / 믿는 것이다	
77. 그녀는 준비했다 / 그들을 행복하게 만들어줄 파티를	prepare 준비하다 make them happy 그들을 행복하게 만들다
78. 그들에게 보내기 위해 / 우리는 많은 옷을 모았다	send to them 그들에게 보내다 gather 모으다 a lot of clothes 많은 옷
79. 그에게 진실을 말하기 위해 / 나는 달려갔다 그의 집으로	tell him the truth 그에게 진실을 말하다 run toN ~로 달려가다
80. 매일 아침을 먹는 것은 / 좋다 / 너의 건강에	have breakfast 아침을 먹다 health 건강
81. 그녀를 좋은 학생으로 만들기 위한 계획이 / 준비 되었다	the plan 계획 be ready 준비되다
82. 이 캠프에 참가하는 것은 / 필수적이다	join this camp 이 캠프에 참가하다 necessary 필수적인
83. 그녀의 도움에 감사하기위해 / 나는 편지를 썼다	thank for her help 그녀의 도움에 감사하다 write a letter 편지를 쓰다
84. 그들은 / 기대했다 / 그녀에게 / 그들이 새 차를 사는 것을 허락하도록	expect A toV A에게 V하도록 기대하다 allow them to buy a new car 그들이 새 차를 사는 것을 허락하다
85. 그녀는 / 알기를 원했다 / 어떻게 그들이 그녀를 아는지	want to know 알기를 원하다 how they knew her 어떻게 그들이 그녀를 아는지

86.	그들의 꿈은 / 세상을 평화로운 곳으로 만드는 것이다	make the world peaceful place 세상을 평화로운 곳으로 만들다
87.	그 비행기를 날게 만드는 것은 / 우리의 목표이다	make the plane fly 비행기를 날게 만들다 goal 목표
88.	그들은 많은 돈을 투자했다 / 그를 최고의 우주비행사로 만들기 위해서	invest 투자하다 a lot of money 많은 돈 astronaut 우주비행사
89.	매일 긍정적으로 생각하는 것은 / 필수적이다 / 네 인생에서 성공하기 위해	think positively everyday 매일 긍정적으로 생각하다 necessary 필수적인 succeed in your life 네 인생에서 성공하다
90.	그들과 함께 휴가를 보내기 위해 / 나는 유럽으로 갔다	have a vacation with them 그들과 휴가를 보내다 Europe 유럽
91.	이번 방학동안의 내 목표는 / 내 영어실력을 향상시키는 것이다	during this vacation 이번 방학동안 improve my English skills 내 영어 실력을 향상시키다
92.	가난한 사람들을 돕기위해 / 우리는 콘서트를 준비했다	poor people 가난한 사람들 prepare 준비하다 a concert 콘서트
93.	그녀는 / 놀랐다 / 그녀가 그의 딸이라는 것을 알고서	know that she is his daughter 그녀가 그의 딸이라는 것을 알다
94.	그에게 새 옷을 사주기위해서 / 그녀는 그녀의 머리카락을 팔았다	buy him new clothes 그에게 새 옷을 사주다 sell her hair 그녀의 머리카락을 팔다
95.	불가능 하다 / 전화를 수업 중에 사용하는 것이	in class 수업 중에
96.	우리는 강으로 갔다 / 강을 청소하기 위해서	clean up 청소하다
97.	그녀는 / 기대했다 / 그녀의 딸에게 / 그녀의 최선을 다하도록	expect A toV A에게 V하도록 기대하다 do one's best 자신의 최선을 다하다
98.	그들의 삶을 구하는 것은 / 우리의 삶을 구하는 것이다	their lives 그들의 삶 save one's life ~의 삶을 구하다

<too~ toV> 너무 ~하다 V하기에는, 너무~해서 V할 수 없다

He is too fat to run fast. 그는 너무 뚱뚱해서 빨리 달릴 수 없다.
She was too sad to sing a song. 그녀는 너무 슬퍼서 노래를 부를 수 없었다.

99. 그는 너무 뚱뚱하다 / 그 훌라후프를 사용하기에는
fat 뚱뚱한
the hula hoop 그 훌라후프

100. 너는 너무 어리다 / 그 팀에 들어가기에는
young 어린
join the team 그 팀에 들어가다

101. 그녀는 너무 슬펐다 / 노래를 부르기에는
sad 슬픈
sing a song 노래를 부르다

102. 그 컴퓨터는 너무 느렸다 / 그 정보를 처리하기에는
slow 느린
process the information 그 정보를 처리하다

103. 그는 너무 가난했다 / 그녀와 결혼하기에는
poor 가난한
marry her 그녀와 결혼하다

104. 그 가게의 제품들은 너무 비싸다 / 나에게 있어 / 사용하기에는
the products of the store 그 가게의 제품들
expensive 비싼   for me 나에게 있어
use 사용하다

105. 그녀의 미소는 너무 아름답다 / 나에게 있어 / 무시하기에는
smile 미소   beautiful 아름다운
ignore 무시하다

<~enough toV> 충분하게 ~하다 V할 만큼 <enough N toV> 충분한 N ~V할 만큼

She is smart enough to be the best. 그녀는 최고가 될 만큼 충분히 영리하다.
She was tall enough to be a model. 그녀는 모델이 될 만큼 충분히 키가 크다

106. 그는 충분하게 빨리 뛰었다 / 그 기차를 잡을 만큼
catch the train 그 기차를 잡다

107. 그녀는 충분하게 똑똑하다 / 그 문제를 풀 만큼
smart 똑똑한
solve the problem 그 문제를 풀다

108. 그들은 충분한 돈을 가지고 있다 / 새로운 차를 살만큼
buy a new car 새로운 차를 사다

109. 그들은 충분하게 열심히 노력했다 / 성공할 만큼
try hard 열심히 노력하다
succeed 성공하다

110. 그들의 아이들은 충분하게 키키크다 / 농구팀에 들어갈 만큼　　tall 키가 큰
　　　　　　　　　　　　　　　　　　　　　　　　　　　　　　　join the basketball team 농구팀

111. 우리의 선생님은 충분히 잘생겼다 / 많은 연애편지를 받을 만큼　handsome 잘생긴
　　　　　　　　　　　　　　　　　　　　　　　　　　　　　　　love letter 연애편지

be동사+ toV : 예정, 의도, 의무, 결과, 운명 등을 의미함

He is to perform his play soon.　　그는 곧 그의 연기를 펼칠 것이다.(예정)
They are to succeed.　　　　　　　그들은 성공할 수 있다.(가능)
Nobody is to smoke here.　　　　　여기서는 아무도 담배를 피울 수 없다.(의무)
I am to leave tomorrow.　　　　　　나는 내일 떠날 것이다.(의도)
He was never to be seen.　　　　　그는 더 이상 보이지 않았다.(운명)

112. 나는 / 그들을 만나기로 되어있다 / 내일 아침에

113. 그는 / 다시는 보이지 않았다　　　　　　　　　　　　be seen again 다시 보이다

114. 그들의 친구들은 / 도와야 한다 / 이지역의 아이들에게 / 많은 책을　help the children in this area (to) read many books
　　 읽도록　　　　　　　　　　　　　　　　　　　　　　　　　　　　이 지역의 아이들에게 많은 책을 읽도록 돕다

to부정사의 다양한 형태

He seems **to have solved** many problems.　　to + 완료기본형(have p.p.)
그는 많은 문제를 해결했던 것처럼 보인다.　　　　부정사의 내용이 본동사보다 과거의 내용을 의미함
She wants **to be loved.**　　　　　　　　　　　to + 수동태 기본형(be+ p.p.)
그녀는 사랑받기를 원한다.
They expect **to be playing** soccer.　　　　　　to +진행형 기본형(be+ ⓥing)
그들은 축구를 하고 있는 것을 기대한다.

- 각각의 시제나 수동/능동에 따라 to 부정사의 모양이 다양하게 변할 수 있음을 기억하자.

115. 그는 / 선생님이였던 듯 보인다　　　　　　　　　　　seem to have p.p ~했(였)던 듯 보이다

116. 그녀는 / 너를 사랑했던 듯 보여

117. 올바르게 취급받는 다는 것은 / 너의 자존심을 지키는 것이다　be treated properly 올바르게 취급받다
　　　　　　　　　　　　　　　　　　　　　　　　　　　　　　self-esteem 자존심

118. 그녀는 / 수학공부를 하고 있는 듯 보인다　　　　　　seem to be Ving ~하고 있는 듯 보이다

Chapter 08

분사

Chapter 08  분사

동사의 변형형태로서 형용사처럼 사용한다.

종류	현재분사	과거분사
형태	-ing	-ed(p.p.)
동사의 형태 보조	be동사+ 동사원형ing (현재/과거진행형)	be동사+ p.p (수동태) have(had)p.p.(완료시제)
보어로 쓰임	상태표현	감정표현
명사를 수식	능동, 진행의 의미	수동, 완료의 의미

(1) 명사의 앞이나 뒤에서 수식(분사 한 단어로만 수식)

A crying child / is my nephew. 울고 있는 아이는 / 내 조카이다

The hired worker / is very smart. 고용된 일꾼은 / 매우 영리하다

The people concerned will attend the meeting. 관련된 사람들이 / 그 미팅에 참가할 것이다.

(2) 명사의 뒤에서 수식(분사를 포함한 구<phrase>로서 수식)

The building (built by the men) / was very tall.

건물은 (그 남자들에 의해 지어진) / 매우 높았다.

The book (lying on the desk) / is not mine.

책은 (책상위에 놓여있는) / 내 것이 아니다.

The man (looking for his child) / looks very tired.

남자는 (그의 아이를 찾고있는) / 매우 피곤해 보인다.

분사

1. 울고있는 아이는 / 내 남동생이다
   crying 울고 있는
   my brother 남동생

2. 지루해 하는 사람들은 / 필요했다 / TV sets 를
   bored 지루해하는

3. 그에 의해 그려진 그림은 / 매우 아름답다
   the picture painted by him
   그에 의해 그려진 그림

4. 파티에 초대된 사람들은 / 오지 않았다
   invited to the party 파티에 초대된

5. 그는 / 가지고 있다 / 그의 아버지에 의해 주어진 컴퓨터를
   given by his father
   그의 아버지에 의해 주어진

6. 누군가에 의해 깨어진 창문은 / 아직 고쳐지지 않았다
   broken by someone 누군가에 의해 깨어진
   be fixed 고쳐지다

7. 도로 위를 달리고 있는 차들은 / 너무 빠르다
   running on the road 도로 위를 달리고 있는

8. 나는 / 만났다 / 성냥을 팔고 있는 소녀를
   selling matches 성냥을 팔고 있는

9. 그의 아들을 찾고 있는 남자는 / 매우 피곤했다
   looking for his son 그의 아들을 찾고 있는
   tired 피곤한

10. 강에서 아이들을 구하고 있는 남자는 / 나의 아버지 였다
    saving children from the river
    강에서 아이들을 구하고 있는

11. 선생님에 의해 주어진 수학문제는 / 너무 어려웠다
    given by the teacher 선생님에 의해 주어진

12. 그는 / 만들었다 / 많은 사람들에 의해 사용되는 자동차를
    used by many peopole
    많은 사람들에 의해 사용되는

13. 이 호텔에 머물고 있는 사람들은 / 생각했다 / 그들은 필요다고 / 도구를 가진 사람이
    staying in this hotel 이 호텔에 머물고 있는
    having a tool 도구를 가진

14. 사람들을 행복하게 해주기 위해 만들어진 컴퓨터는 / 때로는 해를 준다
    made toV ~하기 위해 만들어진
    make people happy
    사람들을 행복하게 해주다
    do harm 해를 주다

15. 모두에게 사랑받는 강아지는 / 좋아한다 / 공을 가지고 놀기를	loved by everyone 모두에게 사랑받는 like toV ~하기를 좋아하다 play with a ball 공을 가지고 놀다
16. 그녀는 생각했다 / 그 돈을 가지고 있는 사람은 / 오지 않을 거라고	having the money 그 돈을 가지고 있는
17. 그 회사에 의해 만들어진 제품들은 / 허락해 준다 / 우리에게 / 쉽게 면도를 하는 것을	products made by the company 그 회사에 의해 만들어진 제품들 allow A to V A에게 V하도록 허락하다 shave 면도하다
18. 어머니에 의해 준비된 음식은 / 아주 맛있었다	prepared by mother 어머니에 의해 준비된
19. 자동차를 운전하고 있는 남자는 / 병원으로 가는 중이다	driving a car 자동차를 운전하고 있는 go to the hospital 병원으로 가다
20. 문을 열고 있는 사람은 / 이 가게의 주인이다.	opening the door 문을 열고 있는 the owner of this store 이 가게의 주인
21. 학습장애를 가지고 있는 아이들을 돕기 위해서 / 많은 인내심이 필수적이다	having learning disorder 학습장애를 가지고 있는 a lot of patience 많은 인내심 necessary 필수적인
22. 그를 돕고 있는 사람들은 / 최고이다 / 이 분야에서	helping him 그를 돕고 있는 the best 최고 in this field 이 분야에서
23. 이 집을 짓고 있는 회사는 / 많은 좋은 일을 한다	building this house 이 집을 짓고 있는 do(does) many good things 많은 좋은 일을 하다
24. 그녀의 강아지를 보고 있는 남자는 / 키가 매우 크다	looking at her puppy 그녀의 강아지를 보고 있는 tall 키가 큰
25. 좋은 아이디어를 가진 사람들은 / 도와주어야만 한다 / 그를	having good ideas 좋은 아이디어를 가진
26. 그는 필요했다 / 쉽게 사용되는 장비가	device 장비 used easily 쉽게 사용되는
27. 그들을 도와주기 위해 만들어진 조직은 / 하고 있다 / 많은 좋은 일들을	the organization 조직 made toV ~하기 위해 만들어진

28.	직업이 없는 사람들은 / 필요하다 / 목표를 갖는 것이	having no job 직업이 없는 need toV ~하는 것이 필요하다
29.	너를 찾고 있던 남자는 / 만들었다 / 우리에게 / 그를 돕도록	looking for you 너를 찾고 있던 make A V A에게 V하도록 만들다
30.	그는 / 주었다 / 내게 / 그들에 의해 디자인된 부채를	a fan 부채 designed by them 그들에 의해 디자인된
31.	나는 / 잃어버렸다 / 내 삼촌에 의해 주어진 닌텐도를	lose-lost-lost 잃어버리다 Nintendo 닌텐도 given by my uncle 내 삼촌에 의해 주어진
32.	침입자들에 의해 파괴된 성은 / 다시는 복원되지 못했다	destroyed by the invaders 침입자들에 의해 파괴된 castle 성 restore 복원하다
33.	바람에 의해 작동되는 배는 / 대체되었다 / 증기에 의해 작동되는 것에 의해	powered by wind 바람에 의해 작동되는 powered by steam 증기에 의해 작동되는 be replaced by A A에 의해 대체되다
34.	많은 사람들에 의해 사랑받는 소녀는 / 곧 좋은 일을 할 것이다	loved by many people 많은 사람들에 의해 사랑받는 do a good thing soon 곧 좋은 일을 하다
35.	우리는 알고 있다 / 그들에 의해 발견된 물건들이 / 옮겨질 것이라는 것을 박물관으로	discovered by them 그들에 의해 발견된 be moved into the museum 박물관으로 옮겨지다
36.	그는 말했다 / 그가 가지고 있다고 / 그녀에 의해 쓰여진 편지들을	say-said-said 말하다 written by her 그녀에 의해 쓰여진
37.	그녀에 의해 사용되었던 물건들은 / 더 이상 의미가 없었다	things used by her 그녀에 의해 사용되었던 물건들 meaningless 의미없는 anymore 더 이상
38.	미신을 믿는 사람들은 / 종종 간다 그 점쟁이에게 / 그들의 미래를 알아보기 위해	believe in ~을 믿다 superstition 미신 the fortuneteller 그 점쟁이 see their future 그들의 미래를 알아보다
39.	해변에 앉아있던 남자는 / 바라보았다 / 어두운 하늘을	sitting on the beach 해변에 앉아있던 look at ~을 보다 dark sky 어두운 하늘
40.	그는 / 만들었다 / 많은 학생들에 의해 사용되는 연필을	used by many students 많은 학생들에 의해 사용되는 a pencil 연필

41. 그녀는 / 보았다 / 많은 개들에 의해 쫓기는 고양이를	chased by many dogs 많은 개들에 의해 쫓기는
42. 그에 의해 요리된 음식들은 / 매우 맛있다	cooked by him 그에 의해 요리된
43. 그녀는 / 가지고 있다 / 그녀의 아버지에 의해 만들어진 장난감들을	toys made by her father 그녀의 아버지에 의해 만들어진 장난감들
44. 너는 / 보호해야만 한다 / 사람들에 의해 위협받는 동물들을	protect 보호하다 animals 동물들 threatened by people 사람들에 의해 위협받는
45. 그 조직의 멤버들은 / 노력하고 있다 / 물에 의해 작동되는 자동차를 만드는 것을	the members of the organization 그 조직의 멤버들 try toV V하는 것을 노력하다 powered by water 물에 의해 작동되는
46. 나는 / 보았다 / 갈색 눈을 가진 소녀를 / 해변에서	having brown eyes 갈색 눈을 가진 on the beach 해변에서
47. 그의 손에 의해 잡힌 물고기들은 / 너무 작았다 / 먹히기에는	fish 물고기(들) be eaten 먹히다 caught by his hands 그의 손에 잡힌 too~ toV V하기에는 너무 ~하다
48. 그녀는 / 도와주었다 / 누군가에 의해 버려진 강아지를	a puppy 강아지 abandoned by someone 누군가에 의해 버려진
49. 그에 의해 쓰여진 소설은 / 아주 흥미롭다	the novel 소설 interesting 흥미로운 written by him 그에 의해 쓰여진
50. 녹색 나무 아래에서 / 그녀는 읽고 있었다 / 그의 회사에 의해 출판된 시를	under the green tree 녹색 나무 아래에서 a poem 시 published by his company 그의 회사에 의해 출판된
51. 그들은 / 주었다 / 그 아이들에게 / 네 개의 발을 가진 인형을	a doll 인형 having four legs 네 개의 발을 가진
52. 차를 가지고 있지 않은 사람들은 / 어렵다 / 이곳에 살기가	not having a car (having no car) 차를 가지고 있지 않은 live here 이곳에 살다

Chapter
09

동명사

Chapter 09  동명사

동명사 : 말 그대로 동사의 명사 형태. 즉, 동사를 명사처럼 쓰기 위한 변형된 모양
형태 : 동사의 기본형+ing
동명사는 동사를 명사처럼 쓰기 위한 것이므로, 문장에서 주어, 목적어, 보어의 기능을 하게 된다.

주어의 쓰임

Keeping a diary is not easy.   일기를 쓰는 것은 쉽지 않다.
Stretching everyday helps you to be healthy.   매일 스트레칭 하는 것은 네가 건강해지는데 도움을 준다.
Being a good teacher takes lots of effort.   좋은 선생님이 되는 것은 많은 노력이 든다.

목적어의 쓰임

I stopped smoking.   나는 담배피우는 것을 끊었다.
She avoided doing bad things.   그녀는 나쁜 짓들을 하는 것을 피했다.

보어의 쓰임

My job is making cookies.   내 직업은 쿠키를 만드는 것이다.
Seeing is believing.   보는 것이 믿는 것이다. (백문이 불여일견)

[not -ing ~하지 않는 것]
Not having breakfast is bad for your health.   아침을 먹지 않는 것은 네 건강에 나쁘다.

---

1. 공부를 열심히 하는 것은 / 네 미래를 위한 것이다
   something for your future
   네 미래를 위한 것

2. 이 소파는 / 다른 곳으로 옮겨질 필요가 있다
   need Ving ~될 필요가 있다
   move to another palce
   다른 곳으로 옮겨지다

3. 그녀를 돕기 위해 새로운 계획을 세우는 것은 / 필수적이다
   set a plan 계획을 세우다
   necessary 필수적인

4. 가난한 아이들이 공부를 하도록 돕는 것은 / 의미한다 / 동등한 기회를 그들에게 주는 것을
   help poor children (to) study
   가난한 아이들이 공부를 하도록 돕다
   equal 동등한   opportunity 기회

5. 불공평한 것들을 하는 것은 / 비겁하다
   do unfair things 불공평한 것들을 하다
   cowardly 비겁한

6. 내 직업은 / 동물들을 보호하는 것이다　　　　　　　　　　　protect animals 동물들을 보호하다

7. 영어를 공부하는 것은 / 쉽지 않다

8. 새로운 책을 쓰는 것은 / 요구한다 / 많은 시간과 노력을　　　write a new book 새로운 책을 쓰다
　　　　　　　　　　　　　　　　　　　　　　　　　　　　　require 요구하다
　　　　　　　　　　　　　　　　　　　　　　　　　　　　　a lot of time and effort 많은 시간과 노력

9. 토요일 오후마다 친구들과 야구를 하는 것은 / 내 일상이었다　play baseball with friends every
　　　　　　　　　　　　　　　　　　　　　　　　　　　　　Saturday afternoon 토요일 오후마다
　　　　　　　　　　　　　　　　　　　　　　　　　　　　　친구들과 야구를 하다　routine 일상

10. 나는 / 즐겼다 / 그들에게 영어로 말하는 법을 가르치는 것을　enjoy 즐기다
　　　　　　　　　　　　　　　　　　　　　　　　　　　　　how to speak English 영어로 말하는 법

11. 나의 꿈은 / 너와 함께 영원히 있는 것이다　　　　　　　　　be with you forever 너와 함께 영원히 있다

12. 매일 저녁 테라스에서 커피를 마시는 것은 / 아주 아름다운 것이었다　drink a cup of coffee on the terrace every
　　　　　　　　　　　　　　　　　　　　　　　　　　　　　evening
　　　　　　　　　　　　　　　　　　　　　　　　　　　　　매일 저녁 테라스에서 커피를 마시다

13. 그와 함께 노래를 하는 것은 / 만들었다 / 나를 / 행복하게

14. 나는 / 그만 두었다 / 그가 컴퓨터 게임하도록 허락하는 것을　stop 그만두다
　　　　　　　　　　　　　　　　　　　　　　　　　　　　　allow him to play computer games
　　　　　　　　　　　　　　　　　　　　　　　　　　　　　그가 컴퓨터 게임을 하도록 허락하다

15. 그녀는 / 연습했다 / 아름다운 도시의 풍경을 그리는 것을　　practice 연습하다
　　　　　　　　　　　　　　　　　　　　　　　　　　　　　draw a beautiful scenery of the city
　　　　　　　　　　　　　　　　　　　　　　　　　　　　　아름다운 도시의 풍경을 그리다

16. 그녀는 / 끝마쳤다 / 그녀의 물건을 새 집으로 옮기는 것을　finish 끝마치다
　　　　　　　　　　　　　　　　　　　　　　　　　　　　　carry her stuff into the new house
　　　　　　　　　　　　　　　　　　　　　　　　　　　　　그녀의 물건을 새 집으로 옮기다

17. 많은 사람들에 의해 보여진다는 것은 / 만든다 / 나를 / 최선을 다하도록　be seen by many people
　　　　　　　　　　　　　　　　　　　　　　　　　　　　　많은 사람들에 의해 보여지다
　　　　　　　　　　　　　　　　　　　　　　　　　　　　　do one's best 최선을 다하다

18. 그들과 함께 시간을 보내는 것은 / 주었다 / 나에게 / 용기를　spend time with them
　　　　　　　　　　　　　　　　　　　　　　　　　　　　　그들과 함께 시간을 보내다
　　　　　　　　　　　　　　　　　　　　　　　　　　　　　courage 용기

동명사의 관용적 표현들

He couldn't help laughing.
< can not help V ing : ~ 하지 않을 수 없다>
그는 웃지 않을 수 없었다.

On hearing his comeback, she started crying.
< on V ing : ~하자마자>
그가 돌아온다는 소식을 듣자마자, 그녀는 울기 시작했다.

I feel like drinking something cold.
< feel like V ing : ~하고 싶다>
나는 차가운 것이 마시고 싶어.

This book is worth reading.
< be worth V ing : ~ 할 가치가 있는>
이 책은 읽을 만할 가치가 있어.

He is used to meeting new people.
< be used to V ing : ~ 하는것에 익숙하다>
그는 새로운 사람들을 만나는것에 익숙하다.

They are busy doing their work.
< be busy V ing : ~하느라 바쁘다>
그들은 일을 하느라 바쁘다.

I am looking forward to having the party.
< look forward to V ing : ~하는 것을 기대하다>
나는 파티하는 것을 기대하고 있어.

I had hard time solving that problem.
< have hard time[trouble/problem] V ing : ~하는데 어려움을 겪다>
나는 그 문제를 푸는데 어려움을 겪었어.

They spent their time helping their children.
< spend 시간 / 돈 V ing : ~하는데 시간/돈을 쓰다>
그들은 그들의 아이들을 도와주는데 시간을 보냈다.

The party objected to starting that policy.
< object to V ing : ~ 하는 것을 반대하다>
그 정당은 그 정책을 시작하는 것에 반대했다.

We have to prevent it from starting.
< prevent / protect / prohibit / stop / keep / discourage / restrain / impede
  + 목적어 from V ing : 목적어가 ~못하게 하다 >
우리는 그것이 시작되는 것을 막아야 한다.

19. 나는 / 그를 무시하지 않을 수 없었다	could not help -ing ~하지 않을 수 없었다 ignore 무시하다
20. 집에 도착하자마자 / 나는 / 그에게 전화를 걸었다	on -ing ~하자마자 arrive home 집에 도착하다 call him 그에게 전화를 하다
21. 나는 / 자고 싶다	feel like -ing ~하고 싶다
22. 그 일은 / 시도해 볼 만한 가치가 있다	be worth -ing ~할 만한 가치가 있다 try 시도하다
23. 나는 / 매우 바쁘다 / 콘서트를 준비하느라	be busy -ing ~하느라 바쁘다 prepare a concert 콘서트를 준비하다
24. 나는 / 기대하고 있다 / 그녀와 에버랜드에 가는 것을	look forward to -ing ~하는 것을 기대하다 go to Everland with her 그녀와 에버랜드에 가다
25. 그녀는 / 어려움을 겪었다 / 그녀의 꿈을 이루는 데에	have difficulty -ing ~하는데 어려움을 겪다 make her dream come true 그녀의 꿈을 이루다
26. 그녀는 / 많은 시간을 썼다 / 그녀의 아이들을 돌보는 데에	spend a lot of time -ing ~하는데 많은 시간을 쓰다 take care of her children 그녀의 아이들을 돌보다
27. 그들은 / 반대했다 / 그들의 마을에 새로운 발전소를 짓는 것을	object to -ing ~하는 것에 반대하다 build a new power plant in their town 그들의 마을에 새로운 발전소를 짓다
28. 우리는 / 막아야 한다 / 그를 / 불공평한 일들을 하는 것으로부터	stop A from -ing A를 ~하는 것으로부터 막다 do unfair things 불공평한 일들을 하다
29. 그녀는 / 익숙했다 / 혼자서 식사하는 것에	be used to -ing ~하는 것에 익숙하다 have a meal alone 혼자 식사하다

having p.p.: ~했던 것

30. 그를 성공하도록 도와주었던 것은 / 행복이었다 / 내 인생의	help him succeed 그를 성공하도록 돕다 happiness 행복
31. 그 영화를 보았던 것은 / 만들었다 / 나를 / 새로운 사람으로	watch the movie 그 영화를 보다

32. 지난 해 내 최고의 경험은 / 그녀를 만났던 것이었다	my best experience last year 지난 해 내 최고의 경험
33. 미래를 위해 저축했던 것은 / 가능하게 해 주었다 / 우리에게 / 새 집을 사는 것을	save money for the future 미래를 위해 저축하다 enable A toV A가 V가능하게 해주다
34. 그들에게 수학을 가르쳤던 것은 / 주었다 / 그들에게 / 정확성을	teach them math 그들에게 수학을 가르치다 accuracy 정확성

being p.p : ~ 된 것(수동태 동명사)

35. 그는 / 싫어했다 / 아이로 여겨지는 것을	hate -ing ~하는 것을 싫어하다 be considered A A라고 여겨지다
36. 그는 알고 있었다 / 그들에 의해 도움을 받는 것은 좋다고	be helped by them 그들에 의해 도움 받다
37. 그녀는 / 연기했다 / 그 회사로부터 정보를 제공 받는 것을	delay-delayed-delayed 연기하다 be informed by the company 회사로부터 정보를 제공받다
38. 쉽게 버려진다는 것은 / 의미한다 / 중요성을 갖지 않은 것을	be easily abandoned 쉽게 버려지다 not have importance 중요성을 갖지 않다
39. 그녀는 / 그만두고 싶었다 / 사람들에 의해 평가받는 것을	want to stop 그만두고 싶다 be assessed by peopole 사람들에 의해 평가받다

의미상 주어 : one's Ving or 목적격 Ving

40. 그가 이 인형을 만드는 것은 / 도와준다 /이 병원의 아이들을 / 웃도록	his making this doll 그가 이 인형을 만드는 것 children in this hospital 이 병원의 아이들 laugh 웃다
41. 그녀는 / 싫어했다 / 그가 무례한 것을	hate 싫어하다 his being rude 그가 무례한 것

not Ving : ~ 하지 않는 것

42. 그녀가 다른 이에게 친절하지 않는 것은 / 나쁜 영향을 주었다 / 이 식당의 매출에	her not being kind to others 그녀가 다른 이에게 친절하지 않은 것 have an effect on ~에 영향을 주다 sales in this restaurant 이 식당의 매출
43. 꿈을 갖지 않는 것은 / 만든다 / 너를 / 네 자신을 사랑하지 않도록	not have a dream 꿈을 갖지 않다 not love yourself 너 자신을 사랑하지 않다

Chapter 10

관계대명사

Chapter 10 관계대명사

'나는 음식을 먹었다.'라는 말이 있다고 하면, 우리는 '음식'이라는 명사를 꾸며주고자 할 때 하나의 문장으로 꾸며 줄 수 있다. 예컨대, '나는 어머니께서 만드신 음식을 먹었다.' 처럼 꾸며줄 수 있는 것이다.

영어에서도 문장 속에 있는 명사나 대명사를 주어와 동사가 포함된 절로 꾸며 줄 수 있는데, 그것이 바로 관계대명사절의 기능이다.

위에 나왔던 문장을 다음과 같이 영어로 바꾸어서 이해를 해보자.

① **I ate some food** (which my mother had made). 나는 어머니께서 만드신 음식을 먹었다.

위의 문장에서 쓰인 which 가 바로 관계대명사이다. 위의 문장을 수식하기 전의 두 개의 문장으로 바꾸면,

② **I ate some food.**
③ **My mother had made some food.**

의 두 문장으로 나타낼 수 있다.

이 때 우리가 ①번 문장에서 some food 뒤에 썼던 which는 ③번 문장의 some food를 대신하는 말이다. some food가 ③번 문장에서 목적어로 쓰였기 때문에 which는 목적격 관계대명사라고 부르는 것이다. 따라서 우리는 다음과 같이 관계대명사를 정의 할 수 있다.

관계대명사 : 꾸며주는 기능을 하는 문장에서 꾸밈을 받는 명사와 겹쳐 쓰이게 되는 명사를 대신하는 말

I ate some food which my mother had made.
　　　선행사　관계대명사

some food는 관계대명사의 앞에 온다는 의미로 선행사(先行詞)라고 부른다. 일반적으로 관계대명사 앞에는 선행사가 반드시 와야 하며, 관계대명사로 표현되어지는 명사가 꾸며주는 문장에서 주어로 쓰였는지, 목적어로 쓰였는지에 따라 그 '격'을 결정하게 되는 것이다.

1. 관계대명사의 종류와 활용

관계대명사가 대신하게 되는 명사가 사람이냐 사물이냐에 따라, 그리고 그 명사가 뒤의 문장에서 주어, 목적어, 또는 소유격을 표현하는 명사로 쓰였느냐에 따라 관계대명사가 결정된다.
아직은 잘 이해가 되지 않겠지만, 앞으로 나오는 예문들과 설명들을 충실히 따라주길 바란다.
필자가 관계대명사 파트를 책의 뒷부분에 위치시킨 것은 앞서 배운 내용들이 뒷받침되지 않으면 관계대명사의 내용을 학생들이 이해하기 힘든 부분이 있어서이다.

<관계대명사의 종류>

	주격	목적격	소유격
사람	who / that	who(m) / that	whose
사물	which / that	which / that	whose / of which

이 외에 선행사 없이 쓰이는 관계대명사 what이 있다. (what에 대해서는 뒤에 설명)

✏️ 사람, 사물의 관계대명사 주격과 목적격

1) **I have a book.**   2) **The book is interesting.**

문장 1)의 밑 줄 친 a book을 문장 2)의 내용으로 수식하고자 할 때, book이라는 명사가 중복된다. 따라서 'the book'을 which(that)으로 바꾸어 넣어주고-The book이 문장2)의 주어자리에 있으며 사물이므로- 그 나머지를 선행사 a book 뒤에서 수식해주면 된다.

즉, 「**I have a book (which is interesting).**」이 된다.

3) **I know a man.**   4) **The man is a farmer.**

문장 3)의 밑 줄 친 a man을 문장 4)의 내용으로 수식하고자 할 때, a man이라는 명사와 The man이라는 명사가 중복된다. 이때, The man은 주어자리에 있으며, 사람을 지칭하므로 The man을 who로 바꾸어서 선행사 뒤에서 수식한다.

즉, 「**I know a man (who is a farmer).**」이 된다.

이때, 문장 4)의 The man을 문장 3)으로 수식하고자 할 때는 a man이라는 명사가 목적어로 쓰였으므로 who(m)으로 바꾸어주고 선행사 The man뒤에 관계대명사 who(m)을 바로 붙여주고 그 뒤에 I know를 쓰는 방식으로 수식해 준다. 주의할 점은 문장 4)의 서술어인 is를 쓰기 전에 수식을 완료해야 한다.

즉, 「**The man (who<m> I know) is a farmer.**」이 된다.

소유격 관계대명사

5) She has a dog.   6) The dog's tail is short.   7) I like the dog's tail.

문장 5)의 a dog을 문장 6)으로 수식하고자 할 때, The dog's 라는 부분이 소유격으로 쓰였으므로 소유격 관계대명사 whose로 바꾸어 준 후 선행사 뒤에서 수식을 해준다.

즉, 「She has a dog (whose tail is short).」가 된다.

문장 5)의 a dog을 문장 7)로 수식하고자 할 때는 the dog's tail 이라는 부분이 목적어자리에 있지만 관계대명사는 선행사 바로 뒤에 위치해야 하므로
「She has a dog (whose tail I like).」가 된다.

관계대명사의 생략

관계대명사에서 다음의 두 경우는 생략이 가능하다.

① 주격관계대명사+be동사

He has a car (which is given by him).
The teacher (who is standing there) is my father.

※ 주격관계대명사나 be동사만 혼자 생략하지는 않는다.

② 목적격관계대명사

The desk (which I bought last year) is good.
I saw a man (whom you want to see).

관계대명사의 두 가지 용법

He has a friend who is very kind.	그는 (아주 친절한) 친구가 있다.
He has a friend, who is very kind.	그는 친구가 있는데, 아주 친절하다
= He has a friend and he is very kind.	
He has much money , which he can't spend.	그는 돈이 많은데, 쓸 수 없다.
= He has much money but he can't spend it.	

위에서 보는 바와 같이 관계대명사 앞에 comma(,) 의 유무에 따라서 해석이 약간 달라진다. 쉼표 없이 앞의 명사를 수식하는 것을 「한정적 용법」, comma 뒤에서 관계대명사로 수식하는 것을 「계속적 용법」이라고 부른다.

2. 관계대명사 that

앞서 표에서 보았듯이 관계대명사 that은 사람과 사물 선행사에 대해 사용되는 주격과 목적격 관계대명사를 대신하여 사용할 수 있다.

The man (who or that has a big problem) went to the hospital.
The car (which or that you bought for me) was very expensive.

✏ 관계대명사 that을 사용할 수 없는 경우

① 전치사 + that 은 쓸 수 없다.
The window (which/that the thief broke into through) was very big.
= The window (through which the thief broke into) was very big.
　　　　　　through that (x)

② 계속적 용법에서 관계대명사 that은 쓸 수 없다.
I like the book, which you gave me. (o)
I like the book, that you gave me. (x)

✏ 관계대명사 that만을 사용해야 하는 경우

① 선행사가 사람+사물 혹은 사람+동물일 때
They are looking for the man and the car (that I saw yesterday).

② 선행사에 the 최상급 이 쓰일 때
We need the best chair (that is made by him).

③ 선행사에 the only, every, no, any, -thing 등이 쓰일 때
You are the only man (that I can trust).

④ 선행사에 the 서수가 쓰일 때
He is the first man (that came here).

⑤ 선행사에 the very 혹은 the same 이 올 때
She is the very person (that can make it possible).
※ the very는 '바로 그' 라는 의미

⑥ 선행사에 all이 쓰일 때
All (that you want) is not yours.

다음 괄호 안에 알맞은 관계대명사를 넣어라.

1. I know the boy (   ) dog is very scary.

2. The girl (   ) I loved had a beautiful mind.

3. The book (   ) you bought last month is interesting.

4. The man and the dog (   ) I meet everyday are good friends for each other.

5. The book(   ) cover is hard is very heavy.

다음 밑줄 친 부분 중 생략할 수 있 는 것을 모두 고르시오.

6. The man who is very old can do it.

7. She met a guy whom you had met before.

8. You should find out the solution which is used to make it right.

다음 괄호안에서 알맞은 것을 고르시오.

9. They need a place in [which / that] they can play.

10. She has two things, [which / that] she has to do today.

관계대명사를 사용하여 문장1)의 밑줄 친 단어를 문장2)가 수식하도록 만드시오.

예) 1) She has a computer.   2) The computer is very cool.
→ She has a computer which is very cool.

11. 1) She saw the dog.   2) The dog's fur is white.
→

12. 1) You need a plan.   2) The plan should be made for your future.
→

13. 1) You should quit smoking.   2) Smoking is bad for your health.
→

14. 1) She has many books. 2) The books' covers are very colorful.
    →

15. 1) The car is very fast. 2) She likes the car.
    →

16. 1) Someone broke my window. 2) He installed the window.
    →

17. 1) The dog is so cute. 2) The dog's fur is black.
    →

18. 1) I know the man. 2) The man has many girl friends.
    →

19. 1) You found the ring. 2) The ring was made of gold.
    →

20. 1) He caught the balloon. 2) Children wanted to catch the balloon.
    →

21. 1) He and his dog are good friends. 2) I see him and his dog everyday.
    →

22. 1) I use the computer everyday. 2) I bought it last year.
    →

23. 1) You have to solve the problem. 2) He caused the problem.
    →

24. 1) The cat is very cute. 2) I love the cat.
    →

25. 1) She saw the monster. 2) The monster looked like a wolf.
    →

관계대명사 연습 1

ex) 네가 공원에서 만났던 소녀는 The girl who you met at the park	입고 있었다 was wearing	네가 사온 드레스를 the dress you bought.
1. 우리가 해야만 하는 작업은 The work	만들어 졌다	그를 돕는 한 남자에 의해 by a man.
2. 그들이 만들고 있는 자동차는 The	가지게 될 것이다	태양력(solar power)에 의해 작동되는(run) 시스템을 the system.
3. 음식을 찾고 있던(look for) 고양이는 The cat	보았다	소시지(sausage)를 그것의 입(mouth)에 가지고 있던 개를 the dog.
4. 그가 사랑했던 여자는 The woman	떠났다	그가 방문(visit)할 수 없는 곳으로 for the place.
5. 그들이 복원(restore)하고 있는 건물은 The building	파괴 되었다	총으로 무장한(armed with guns) 침입자들에 의해 by invaders.
6. 그녀를 만났던 한 사람은 A person	가지고 있었다	그녀의 아버지가 찾고(look for) 있던 것을 the thing.
7. 그 설계사(designer)가 제안(propose)한 계획은 The plan	거절 되었다 (reject)	그들이 해결(solve)할 수 없는 문제 때문에 because of the problem.
8. 그 회사가 만들고 있는 기기는 The device	만들 수 있다	우리가 만들길 원하는 미래를 the future.
9. 많은 사람들이 만들어낸 성공은 The success	달성될 수 있었다 (achieve)	그들이 포기(give up)하지 않은 신념 때문에 thanks to the faith.

관계대명사 연습 2

ex) 내가 보고싶던 영화는 The movie you want to see	준비되었다 was prepared	환경을 걱정하는 사람들에 의해 by people who care about the environment.
1. 그가 보고 싶어하는 소녀는 The girl	딸(daughter)이다	그의 부모(parents)가 선생님들인
2. 그들이 갖고 싶은 차는 The car	만들어졌다	우리가 사용하는 시스템에 의해 by the system
3. 그 개에 의해 쫓기던 고양이는 The cat	놀라게 했다 (surprised)	집 앞에서 자고 있던 개를 the dog
4. 그들이 사랑했던 여자는 The woman	찾고 있었다 (look for)	신선한 공기(fresh air)를 가지고 있는 장소를 the place
5. 그에 의해 설계된(designed) 건물은 The building	유명했다	그 사람들에 의해 만들어진 조명으로 lighting
6. 우리가 필요한 사람은 A person	가지고 있다	그 문제를 해결하는데 우리가 필요한 것을 the thing
7. 그 설계자(designer)가 제안한 계획은 The plan	가지고 있었다	우리를 고통스럽게 만드는(make us painful) 문제를 the problem
8. 우리가 쓰고 있던 기기는 The device	만들어졌다	많은 사람들이 가지고 있던 욕구에 의해 by the desire
9. 우리를 편하게 만드는 성공은 The success	방문한다 (visit)	끝없이 노력하는(try endlessly) 사람을 the person

관계대명사 연습 3

	알고 싶었다 wanted to know	그녀가 만났었던 사람들에 대해 about the people whom she had met.
ex) 그녀가 만났던 남자는 The man she met		
1. 그가 읽고 있는 책은 The book	쓰여졌다 (be written)	그의 아내가 간호사인 Mr. Lee에 의해 by Mr. Lee .
2. 그들이 만드는 제품들은 Product	제공한다 (offer)	우리가 원하는 기능을 the function .
3. 경찰에 의해 쫓기던 범죄자는 The criminal	잡혔다 (catch)	집 앞에서 담배 피우던(smoke) 노인에 의해 by the old man .
4. 그들이 만났던 땅 주인은 The land owner	찾고 있었다 (look for)	멋진 귀를(ears) 가지고 있는 토끼를 the rabbit .
5. 풍선을 가지고 있는 아이는 The child	책임이 있다 (be responsible)	사람들이 겪고 있는 불편에 for the inconvenience .
6. 우리가 필요한 도구는 The tool	만족시킬 것이다 (satisfy)	많은 사람들이 가지고 있는 욕구를 the need .
7. 그녀가 준비한(prepare) 음식은 The food	나에게 생각나게 했다 (remind) me	내가 살았었던 집에 대해 of .
8. 그가 발명한(invent) 기기는 The device	우리에게 허용해(allow) 줄 것이다 us	전에는 우리가 상상(imagine)할 수 없던 속도를 the speed .
9. 다른 사람에 대해 신경쓰는(care about) 사람은 The person	가지고 있다	많은 사람을 끌어안을 수 있는(embrace) 마음을 the mind .

MEMO

관계대명사

1. 그를 사랑하고 있던 소녀는 / 생각했다 / 그가 그녀를 떠날 것이라고
   leave 사람 ~를 떠나다

2. 그 자동차를 샀던 손님은 / 불평했다 / 그 차의 속도에 대해
   complain about ~에 대해 불평하다

3. 나는 / 알고 있다 / 너를 찾고 있던 남자를
   look for 찾다

4. 그녀를 도와주기 위해 / 그 기계를 사용할 수 있는 사람들이 / 모였다
   machine 기계   gather 모이다

5. 그 컴퓨터를 만든 사람들은 / 열심히 노력하는 과학자들이다
   hardworking 열심히 노력하는
   scientist 과학자

6. 그것을 개발 할 수 있는 사람들은 / 도와주고 있다 / 이 지역의 농부들을
   develop 개발하다   farmer 농부

7. 나는 / 사랑한다 / 아름다운 마음을 가진 소녀를
   beautiful mind 아름다운 마음

8. 그녀는 / 그녀의 모든 학생들을 사랑하는 선생님이다
   all of her students 그녀의 모든 학생들

9. 그녀는 / 만들었다 / 공부를 열심히 하는 학생들을 / 더 좋은 성적을 받을 수 있도록
   get better grades 더 좋은 성적을 받다

10. 그 팀의 리더는 / 도와주었다 / 어제 팀에 들어온 멤버를
    leader 리더
    join the team 팀에 들어오다

11. 그녀는 / 허락해 준다 / 운동장에서 축구를 하고 싶어 하는 어린이들을 / 안전하게 그것을 하도록
    allow A toV A를 V하도록 허락하다
    play soccer 축구를 하다
    safely 안전하게

12. 자유를 올바르게 사용할 수 있는 사람들이 / 만들 수 있다 / 멋진 미래를
    use freedom 자유를 사용하다
    properly 올바르게
    a great future 멋진 미래

13. 너를 찾고 있던 남자는 / 키가 매우 컸다
    tall 키가 큰

14. 이 영화를 보고 싶어 하는 많은 사람들은 / 십대들이다					teenagers 십대들

15. 외국에서 공부하고 싶어 하는 사람들의 숫자가 / 증가하고 있다		the number of ~의 숫자
															study abroad 외국에서 공부하다
															increase 증가하다

16. 너는 / 필요하다 / 너를 도와줄 수 있는 누군가가				need 필요하다 someone 누군가

17. 그녀는 / 만났다 / 너를 사랑했던 남자를

18. 좋은 기억력을 가진 물고기는 / 기억할 수 있다 / 무언가를 / 24시간 동안		have good memory 좋은 기억력을 가지다
															remember 기억하다
															for 24hours 24시간 동안

19. 그녀와 나는 / 생각했다 / 우리가 어제 도와주었던 소녀에 대해

20. 거리에서 성냥을 팔고 있던 소녀는 / 필요했다 / 따뜻한 곳이			sell matches on the street
															거리에서 성냥을 팔다
															a warm place 따뜻한 곳

21. 그들의 미래에 대해 알고 싶어하는 사람들은 / 종종 방문한다 /			often 종종 visit 방문하다
    점쟁이들을												fortunetellers 점쟁이들

22. 담배를 피우고, 술을 마시며, 운동을 하지 않는 사람들은 / 신경써야		smoke 담배피다 exercise 운동하다
    한다 / 그들의 건강을											drink alcohol 술을 마시다
															care about 신경쓰다

23. 그들에게 편지를 썼던 사람들은 / 이곳에 산다					write a letter 편지를 쓰다

24. 나는 / 찾고 있다 / 그 일을 완벽하게 할 수 있는 사람을			do the job perfectly 그 일을 완벽하게 하다

25. 네가 봤던 그 남자는 / 가지고 있다 / 아주 큰 집을				see 보다

26. 우리가 찾고 있는 그 아이는 / 머물렀다 / 이 호텔에				look for 찾다 stay 머물다

27. 나는 / 만난 적이 있다 / 네가 사랑했던 소녀를

28. 우리가 어제 만든 계획은 / 곧 시작 될 것이다　　be about toV 곧 ~할 것이다

29. 아버지 께서 내게 사주신 MP3는 / 매우 좋다　　buy A for B A를 B에게 사주다
　　good 좋은

30. 그녀는 / 허락해 주었다 / 그녀가 돕고 있던 아이들을 / 그와 함께 소풍가도록　　allow A toV A가 V하도록 허락하다
　　go on a picnic 소풍가다

31. 내가 그녀와 함께 지었던 집은 / 매우 아름다웠다　　build 짓다　beautiful 아름다운

32. 그들이 창조한 세계는 / 보호해 주었다 / 도움이 필요한 아이들을　　create 창조하다　protect 보호하다

33. 그들은 / 노력했다 / 그들의 조상이 지은 궁전을 찾는 것을　　try toV V하는 것을 노력하다
　　ancestor 조상　palace 궁전
　　build 짓다

34. 그녀가 나를 위해 만들어 준 커피가 / 가장 맛있었다　　most delicious 가장 맛있는

35. 내가 그곳에서 만났던 소녀는 / 후에 내 아내가 되었다　　later 후에　become ~이 되다
　　wife 아내

36. 나는 / 알고 있다 / 그녀가 찾고 있던 책을

37. 내가 가지고 놀던 테디베어는 / 그녀에게 주어졌다　　Teddy bear 테디베어
　　be given toA A에게 주어지다

38. 우리가 이번 여름에 수확한 옥수수는 / 매우 크고 맛있다　　harvest corn 옥수수를 수확하다

39. 그녀를 돕기 위해 우리가 만들었던 휠체어는 / 이제 도와주고 있다 / 많은 장애인들을　　the wheel chair 휠체어
　　handicapped people 장애인
　　now 이제

40. 그가 내게 빌려준 복사기는 / 작동하지 않는다

lend-lent-lent 빌려주다
copying machine 복사기   work 작동하다

41. 우리가 그린 그림은 / 전시되었다 / 그 박물관에

paint a picture 그림을 그리다
display 전시하다
in the museum 그 박물관에

42. 새로운 삶을 살기 위해 / 우리는 / 필요했다 / 현명한 사람이 해주는 조언이

live a new life 새로운 삶을 살다
advice 조언   wise man 현명한 사람

43. 습관을 끊는 다는 것은 / 의미한다 / 우리가 새로운 관점으로부터 만든 계획을 실천하는 것을

kick the habit 습관을 끊다
mean Ving ~을 의미하다
from a new view 새로운 관점으로부터
practice the plan 계획을 실천하다

44. 그가 내게 빌려준 자전거는 / 매우 빠르게 달릴 수 있다

lend 빌려주다
run very fast 매우 빠르게 달리다

45. 내가 지난 주말 그곳에서 만났던 학생들은 / 영어를 배우고 싶어했다 / 나로 부터

learn 배우다   from me 나로부터

46. 그녀가 기르는 강아지들은 / 모두 데려와 졌다 / 길에서

raise 기르다
bring-brought-brought 데려오다
from streets 길에서

47. 그 회사가 만들고 있는 자동차들은 / 모두 수출된다

export 수출하다

48. 그가 5년동안 써오고 있는 책들은 / 모두 출판되기로 되어있다

write books 책을 쓰다
be supposed toV V하기로 되어있다
publish 출판하다

49. 그녀가 썼던 모자는 / 팔렸다 / 그녀를 매우 많이 사랑했던 한 팬에게

the hat 모자   a fan 팬
wear-wore-worn 쓰다, 입다, 착용하다
be sold toA A에게 팔리다

소유격 관계대명사

50. 그것의 귀가 큰 강아지는 / 그녀의 것이다

a puppy whose ears are big
그것의 귀가 큰 강아지
hers 그녀의 것

51. 역할 모델은 / 그의 행동을 우리가 따라하는 어떤 사람이다

a role model 역할 모델
someone whose behavior we follow
그의 행동을 우리가 따라하는 어떤 사람

52. 그것의 문이 다섯 개인 자동차는 / 매우 멋있다

a car whose doors are five
그것의 문이 다섯 개인 자동차
cool 멋있는

53. 그의 꿈이 큰 사람은 / 더 많이 노력해야 한다 / 다른 사람들 보다

a person whose dream is big
그의 꿈이 큰 사람   others 다른 사람들
try more than A A보다 더 노력하다

54. 그의 노래를 우리가 사랑하는 한 가수는 / 가지고 있다 / 아름다운 목소리를

a singer whose song we love
그의 노래를 우리가 사랑하는 한 가수
beautiful 아름다운   voice 목소리

55. 그것의 방이 큰 집은 / 수용할 수 있다 / 30명의 사람들을

a house whose room is big
그것의 방이 큰 집
accommodate 수용하다

56. 그녀의 눈이 큰 소녀는 / 사랑했다 / 그의 눈이 작은 한 소년을

a girl whose eyes are big
그녀의 눈이 큰 소녀

57. 그의 팔이 긴 원숭이는 / 나무에 매달릴 수 있다

a monkey whose arms are long
그의 팔이 긴 원숭이
hang on a tree 나무에 매달리다

58. 그것의 창문이 큰 집은 / 제공한다 / 아름다운 풍경을

a house whose windows are big
그것의 창문이 큰 집   offer 제공하다
beautiful scenary 아름다운 풍경

59. 우리는 / 구해야만 한다 / 그들의 생명이 위험에 처한 동물들을

save 구하다
animals whose lives are in danger
그들의 생명이 위험에 처한 동물들

60. 그의 목소리를 우리가 좋아하는 남자배우는 / 연극을 한다 / 우리 아버지께서 만드신 무대 위에서

an actor 남자배우   voice 목소리
perform in a play 연극을 하다
stage 무대

61. 그녀는 / 만들었다 / 그것의 머리가 큰 인형을 / 웃도록 / 사람들이 그것을 안을 때에

make A V A가 V하도록 만들다
laugh 웃다   head 머리
when people hug it
사람들이 그것을 안을 때에

62. 그녀는 / 가르쳤다 / 그들의 꿈이 의사가 되는 것인 아이들에게 / 어떻게 사람들을 돕는지를

teach-taught-taught 가르치다
be a doctor 의사가 되다
how to help people 어떻게 사람들을 돕는지

3. 관계대명사 what

관계대명사 what은 선행사를 포함한 관계대명사로서 선행사를 쓰지 않는다. 하나의 덩어리로 명사절로서의 기능을 하게 되며, 그 덩어리 안에서 what이 '선행사+관계대명사'의 역할을 하게 되므로 뒤에 명사 하나가 빠지게 된다.

✏️ 목적격 관계대명사로 쓰인 what

What(=the thing which) you have to do / is this.
네가 해야 하는 것은 / 이것이다.
have to do 뒤에 있던 목적어를 what이 대신했음.

✏️ 주격 관계대명사로 쓰인 what

What(=the thing which) happened to me yesterday / was strange.
나에게 어제 일어난 것은 / 이상했다.
happened to me 앞에 있던 주어를 what이 대신했음.

다음을 해석하여라.

1. What happened to me is strange.   strange 이상한

2. I don't understand what you said.

3. What made me happy was her effort.   effort 노력

4. He taught me what I should do when I was in trouble.   be in trouble 어려움에 처하다

5. What looks like a happiness now can harm you in the future.   look like ~처럼 보이다
   harm 해를 끼치다

6. What makes me think about her love is the accident.   accident 사고

7. The play we watched yesterday is what made us different people.   play 연극

8. You should find out what happened here.   find out 알아내다

9. What you think about now is what you should practice later.   practice 실천하다

관계대명사 what

1. 네가 지금 해야만 하는 것은 / 네 미래를 준비하는 것이다
   have toV V해야만 한다
   prepare 준비하다   future 미래

2. 어제 내게 일어났던 것은 / 만들었다 / 나에게 / 그녀에 대해 생각하도록
   happen 일어나다

3. 내가 그를 위해 할 수 있는 것은 / 아무것도 없다
   do for him 그를 위해 하다
   nothing 아무것도 없음

4. 그는 / 말해주었다 / 내게 / 내가 해야만 하는 것을

5. 아름다워 보이는 것은 / 의미한다 / 사랑을
   look beautiful 아름다워 보이다
   mean 의미하다

6. 너는 / 말할 수 있다 / 네게 일어났던 것을
   say 말하다

7. 나를 새로운 사람으로 만들어준 것은 / 그녀의 사랑이었다
   make me a new person
   나를 새로운 사람으로 만들어주다

8. 그는 / 일깨워 주었다 / 우리에게 / 우리가 해야만 하는 것을
   remind A of B A에게 B를 일깨워 주다

9. 네가 사기를 원하는 것은 / 쓸모없는 것이다
   buy 사다
   a useless thing 쓸모없는 것

10. 지난 밤 나를 겁먹게 만든 것은 / 강한 바람과 천둥이었다
    scare me 나를 겁먹게 하다
    last night 지난 밤   strong wind and thunder 강한 바람과 천둥

11. 우리가 환경을 보존하기 위해 해야만 하는 것은 / 작은 것부터 실천하는 것이다
    conserve 보존하다
    practice from small things
    작은 것부터 실천하다

12. 네가 그에게 했던 것은 / 만들었다 / 그를 / 화나도록
    make him angry 그를 화나게 만들다

13. 네가 너의 영어 실력을 향상시키기 위해 해야만 하는 것은 / 오직 연습이다
    improve your English skills
    너의 영어실력을 향상시키다
    practice 연습

4. 전치사 + 관계대명사

1) She has a tool.   2) She can help her children with the tool.

문장1)의 밑 줄 친 a tool을 문장2)로 꾸며주고자 할 때, 문장2)의 the tool을 관계대명사 which로 대체하여 꾸며준다.

즉, She has a tool which she can help her children with. 이 문장 맨 뒤에 있는 전치사 with를 which 앞으로 위치시킬 수 있다.

즉, She has a tool (with which she can help her children). 그녀는 (그것을 가지고 그녀가 그녀의 아이들을 도울 수 있는) 도구를 가지고 있다.

3) They made a building.   4) They are famous for the building.

마찬가지로, 문장3)의 밑줄 친 a building을 문장4)로 꾸며줄 때,

They made a building which they are famous for.
= They made a building (for which they are famous). 가 된다.
그들은 (그것으로 그들이 유명한) 건물을 만들었다.

5. comma(,) + 관계대명사

There are many kinds of plants and/but many of them can't be consumed by people.
식물의 많은 종류가 있다 그리고 그것들 중 많은 것들은 사람들에 의해 섭취될 수 없다.

위 문장에서 접속사 and/but 대신에 comma(,)를 넣으면, 다음과 같이 표현된다.

There are many kinds of plants , many of which can't be consumed by people.

마찬가지로

We have many problems and he made all of them. 은
We have many problems , all of which he made. 가 된다
우리는 많은 문제들을 가지고 있고 그것들 중 모두를 그가 만들었다.

all of which를 앞으로 옮기는 이유는 선행사인 problems 바로 뒤에 위치시키기 위해서이다.

다음을 해석하여라.

1. There are two boys, both of whom have a bike.

2. They built a house in which they can live happily.

3. We have a big toy by which many people take a picture.   take a picture 사진을 찍다

4. The man to whom she writes many letters will visit her soon.

5. We have a large swimming pool in which you can swim.

6. They can use the car in which they have a good time.

7. There is a hill over which a beautiful cloud is.

8. We should conserve environment in which we live.   conserve 보존하다

9. The book from which we can learn many things will be published.

10. He created many useful things with which we can live easily.

11. There is a person without whom we can't do anything.

12. The building in which we can treat many things is very tall.

전치사+관계대명사 / ,(comma) 관계대명사

1. 그와 함께 우리가 재미있는 시간을 보낼 수 있는 남자는 / 곧 올 것이다
   the man with whom we can have a good time 그와 함께 우리가 재미있는 시간을 보낼 수 있는 남자

2. 그것으로부터 우리가 많은 정보를 얻을 수 있는 영화는 / 그에 의해 만들어 졌다
   the movie from which we can get a lot of information 그것으로부터 우리가 많은 정보를 얻을 수 있는 영화

3. 그것까지 자동차가 달릴 수 있는 속도는 / 60Km/h 이다
   the speed at which a car can run 그것까지 자동차가 달릴 수 있는 속도

4. 그는 많은 책을 가지고 있는데 / , 그것으로부터 그는 사는 법을 배웠다
   learn how to live 사는 법을 배우다

5. 이 도시에는 많은 빌딩들이 있고 / , 그것으로부터 우리는 그늘을 얻을 수 있다
   there are ~들이 있다
   get shade 그늘을 얻다

6. 그것에게 우리가 많은 노력을 쏟은 프로젝트는 / 거절 되었다
   put a lot of effort in ~에 많은 노력을 쏟다
   project 프로젝트   reject 거절하다

7. 그것에 의해 우리가 그녀를 도울 수 있는 원칙은 / 그에 의해 개발 되었다
   help her by ~에 의해 그녀를 돕다
   principle 원칙   develop 개발하다

8. 우리는 환경을 파괴하고 있는데 / , 그것 없이는 우리가 살 수 없다
   destroy 파괴하다
   environment 환경
   live without ~없이 살다

9. 그녀는 두 명의 아들을 가지고 있고 / , 그들 둘 다 의사이다
   both of ~둘 다   doctor 의사

10. 그녀는 그녀의 딸을 그에게 소개시켜 주었고 / , 그와 함께 그녀는 행복하게 살았다
    introduce A to B A를 B에게 소개하다

11. 그 너머에 내 집이 있는 언덕은 / 매우 가파르다
    hill 언덕   over ~너머에
    lie 있다, 놓여있다   steep 가파른

12. 그녀는 그를 사랑했고 / , 그로부터 그녀는 행복을 느꼈다
    from ~로부터
    feel happiness 행복을 느끼다

MEMO

Chapter 11

관계부사

Chapter 11 관계부사

① I saw <u>the place</u>.　　② He had opened his shop in the place.

문장①의 밑 줄 친 <u>the place</u>를 문장2)로 꾸며 줄 때, 문장②의 in the place가 문장에서 부사구의 역할을 하고 있으므로, 다음과 같은 표현들이 가능하다.

　I saw the place where he had opened his shop.
＝I saw the place in which he had opened his shop.
＝I saw the place which he had opened his shop in.
＝I saw the place that he had opened his shop in.

위와 같이 관계부사는 '전치사+관계 대명사'의 역할을 하며, 관계대명사를 사용하는 문장 속에서 전치사의 위치는 위와 같다. 관계대명사 that 앞에는 전치사가 올 수 없다.

관계 부사의 종류

일단 부사의 개념을 이해 해 둘 필요가 있는데, 부사라는 것은 문장 속에서 방법이나, 장소, 시간, 이유 등의 부가적인 설명을 뜻하는 것이다. 따라서 관계부사라는 것은 관계있는 두 문장 사이에서 수식을 담당하는 문장의 부사구의 역할을 대신하게 되는 것이다.

쓰임	관계부사	예문
장소(the place 등)	where	I visit Suwon where my mother lives.
시간(the time 등)	when	It was yesterday when I found his car.
이유	the reason (why/that)	I wanted to know the reason why he didn't come.
방법	the way [how]	That is the way he solved this problem.

다음을 읽고 해석하여라.

1. She found the castle where her husband had been.
   castle 성
   had been ~에 있었다

2. The man wanted to know the way you made it.
   make it 성공하다, 해내다

3. His father wanted to find out the time when he came.

4. She can't imagine the house where her husband isn't.
   imagine 상상하다

5. You should find out the place where he lives.

6. You know the way he solved the problems.
   solve 풀다, 해결하다

7. She needs the reason why she acted that way.
   that way 그런식으로

8. The factory where he worked is now closed because of decreased profit.
   profit 이윤

9. She wanted to know the reason why he couldn't come here.

10. You should find out the time when she usually comes to buy some bread.

관계부사

1. 그녀가 살았었던 집은 / 언덕 너머에 있다
   lie ~에 있다

2. 그녀는 / 원했다 / 그녀가 살았던 집이 / 예전 그대로 남아있기를
   remain 남아있다
   as it was 예전 그대로

3. 그들은 / 찾는 중 이었다 / 그녀가 그를 다시 만나지 않은 이유를
   look for ~을 찾다

4. 그들이 가난한 아이들을 공부를 잘 할 수 있도록 돕는 방식은 / 잘못되었다
   help poor children study (to study) 가난한 아이들이 공부를 잘할 수 있도록 돕다
   wrong 잘못된

5. 그녀가 사랑한 남자가 살던 마을은 / 사라졌다 / 댐건설 때문에
   village 마을   disappear 사라지다
   dam construction 댐건설

6. 그가 그녀를 보는 순간 / 그는 그녀와 사랑에 빠졌다
   the moment ~한 순간
   fall in love with ~와 사랑에 빠지다

7. 역사적인 장소들이 있는 나라들에서는 / 사람들이 / 노력한다 / 그것들을 관광지로 만드는 것을
   in countries 나라들에서는
   there are ~들이 있다
   historical sites 역사적인 장소들
   tourism attractions 관광지

8. 뜻이 있는 곳에 / 길이 있다
   where ~곳에   there is ~이 있다
   a will 뜻, 의지   a way 길

9. 해변이 있는 마을들에서는 / 사람들이 / 즐긴다 / 물속에서 노는 것을
   in villages ~한 마을들에서는
   there is ~이 있다
   enjoy -ing -하는 것을 즐기다
   play in the water 물속에서 놀다

10. 아이들은 / 필요하다 / 그들이 편안함과 안정감을 느낄 수 있는 학교가
    comfort 편안함   security 안정감

11. 사람들을 섬겨야 하는 일꾼들이 일하는 정부는 / 기능을 잘 하지 못하고 있다
    workers 일꾼들   government 정부
    serve people 사람들을 섬기다
    doesn't function well 기능을 잘 하지 못하다

12. 나는 / 알 수 없다 / 그가 당선된 방법을 이번 선거에서
    be elected 당선되다
    this election 이번 선거

Chapter
12

복합관계대명사
복합관계부사

Chapter 12. 복합관계대명사 / 복합관계부사

1. 복합관계대명사

관계대명사로 쓰이는 who, whom, what, which 의 뒤에 ever를 첨가함으로써 두 가지의 의미를 나타낼 수 있다.

1) 명사절-문장에서 주어, 목적어, 보어-의 역할

Whatever you want to have / will be yours.
= Anything which you want to have / will be yours.
네가 갖고 싶은 어느것이라도(모든 것은) / 너의 것이 될 것이다.

Whomever you meet / is your destiny.
= Anyone whom you may meet / is your destiny.
네가 만나는 누구라도(모든 이는) / 너의 운명이다.

Whoever loves her / should stand her temper.
= Anyone who loves her / should stand her temper.
그녀를 사랑하는 누구라도 / 그녀의 성격을 견뎌야만 한다.

You / can have whichever you want.
= You / can have anything which you want.
너는 / 네가 원하는 어떤 것이든 가질 수 있다.

2) 부사절의 역할

Whatever he wants, don't give him anything.
= No matter what he wants, don't give him anything.
그가 무엇을 원하든, 그에게 아무것도 주지 말아라.

Who(m)ever you love, let me know.
= No matter whom you love, let me know.
네가 누구를 사랑하든, 내가 알게 해줘.

Whichever you choose, you have to be responsible for it.
= No matter which you choose, you have to be responsible for it.
네가 어떤 것을 선택하든, 너는 그것에 대해 책임을 져야한다.

2. 복합관계부사

1) 양보의 부사절 (양보라는 말은 내용이 전환된다는 의미)

However (= No matter how) you act, I don't care about it.
네가 어떻게 행동을 하더라도, 난 그것을 신경쓰지 않겠어.

However (= No matter how) beautiful you are, you can't be an actress.
네가 얼마나 아름다운지와 상관없이(아무리 아름다워도), 넌 여배우가 될 수 없다.

Whenever (= No matter when) you go there, you will be welcome.
네가 언제 그곳을 가더라도, 너는 환영받을 것이다.

Wherever (=No matter where) he goes, there was danger.
그가 어디를 가더라도, 위험이 있었다.

2) 시간의 부사절

Whenever (= at any time when) you went there, he was not there.
네가 그곳에 갈 때마다, 그는 거기에 없었다.

Whenever (= at any time when) you want to go, I'll be with you.
네가 가고 싶어 하는 때가 언제든, 내가 너와 함께 할 거야.

다음을 해석하여라.

1. Whoever you are, follow the rule for your health.

2. Whomever you like can be your friend.

3. Whatever you want would be done.

4. Whatever you want, you should work hard for it.

5. Whenever he went to the church, he felt her love.

6. Whichever you want to have, it'll be yours.

7. Whenever you walked with your dog, I saw you.

8. However tall you are, don't blame people who are short.   blame 탓하다 비난하다

복합관계대명사 / 복합관계부사

1. 네가 누구이든지간에, / 너는 최선을 다해야 한다 / 네가 되기를 바라는 사람이 되기 위해
   - do one's best 최선을 다하다
   - a person (who) you want to be 네가 되기를 바라는 사람

2. 네가 갖고 싶은 모든 것은 / 이곳에 있다
   - whatever you want to have 네가 갖고 싶은 모든 것

3. 그녀가 그를 볼 때마다 / 그녀는 / 사랑을 느꼈다 / 그녀의 마음속에
   - feel love 사랑을 느끼다

4. 네가 무슨 생각을 하든지 / 우선 그녀를 도와라
   - first 우선

5. 네가 얼마나 건강한지와 관계없이, / 정기 검진을 받아라
   - however healthy you are 네가 얼마나 건강한지와 관계없이
   - have regular check ups 정기 검진을 받다

6. 네가 어느 것을 고르든지, / 너는 그것에 책임을 져야한다
   - whichever you choose 네가 어느 것을 고르든지
   - be responsible for ~에 책임을 지다

7. 네가 누구를 찾던지 간에, / 너는 먼저 이 양식을 작성해야 한다
   - fill out a form 양식을 작성하다
   - first 먼저

8. 그것이 얼마나 유용하게 쓰일 지와 관계없이, / 그녀는 그것을 무시했다
   - however usefully it would be used 그것이 얼마나 유용하게 쓰일지와 관계없이
   - ignore 무시하다

9. 네가 어디를 갈 지와 관계없이, / 나는 너와 영원히 함께 하겠다
   - be with ~와 함께하다
   - forever 영원히

10. 우리는 그 아이들을 도와주어야 한다 / 어떤 비용이 들 건지와 관계없이
    - whatever it will cost 어떤 비용이 들 건지와 관계없이

11. 그녀는 생각했다 / 그녀가 그를 잊을 수 없을 거라고 / 그녀가 무슨 짓을 하더라도
    - forget 잊다
    - whatever she would do 그녀가 무슨 짓을 하더라도

12. 네가 누군가가 되고 싶은지와 관계없이, / 너는 우선 공부를 열심히 해야 한다
    - who(m)ever you want to be 네가 누군가가 되고 싶은지와 관계없이
    - first 우선

13. 네가 어디를 가고 싶은지와 관계없이, / 너는 철저하게 준비해야 한다
    - prepare 준비하다
    - thoroughly 철저하게

Chapter
13

접속사

Chapter 13. 접속사

1. 등위접속사

역할 : 단어나, 구, 절 등을 같은 단위로 나열하는데 쓰인다.
종류 : and(그리고), or(혹은), but(하지만), so(그래서), for(~때문에), yet(그러나), nor(또한~아닌)

Sue or I will do it. Sue 혹은 내가 그것을 할 것이다.

He and I are good friends. 그와 나는 좋은 친구이다.

He ran into the building, and saved the child. 그는 빌딩으로 뛰어들어갔고, 아이를 구했다.

They lost their job, so they couldn't afford it.
그들은 직업을 잃었다, 그래서 그들은 그것을 할 여유가 없었다.

She wanted be a teacher, for her mother also was a teather.
그녀는 선생님이 되고 싶었다, 그녀의 어머니도 선생님이었기 때문에

Tommy tried his best, but[yet] he couldn't make it.
Tommy는 최선을 다했다, 그러나 그는 그것을 할 수 없었다.

He nor I am a student. 그나 나는 학생이 아니다.

---

1. 그 혹은 다른 누군가가 / 그것을 해야 한다   someone else 다른 누군가

2. 그녀는 그를 보고 싶고, / 그와 함께 이야기를 하고 싶고, / 그와 좋은 시간을 보내고 싶다   see 보다 / have a good time 좋은 시간을 보내다

3. 그들은 그 곳에 가지 않기로 결심했다 / 그녀가 그것을 원하지 않기 때문에   decide not to V V하지 않기로 결심하다 / for ~때문에

4. 그 마을의 사람들은 새로운 우물을 만들고 싶었다 /, 그러나 그들은 적절한 도구들을 가지고 있지 않았다   the people of the village 그 마을의 사람들 / well 우물 proper 적절한 tools 도구들

5. 그들은 가능한 한 빨리 이곳에 와야한다 /, 혹은 우리와 접촉해야한다   as soon as possible 가능한 한 빨리 / contact A A와 접촉하다

6. 이 세상의 모든 사람들은 / 적어도 그들이 잘 할 수 있는 것을 하나씩 가지고 있다 /, 혹은 그것을 가지려고 노력을 해야 한다   everyone in this world 이 세상의 모든 사람들 / be good at ~을 잘하다

2. 종속접속사

역할 : 하나의 절(완전한 한 문장)을 이끌며, 주절의 내용을 심화 시켜준다.
문장을 더욱 풍성하게 만드는 역할이므로, 아래의 단어들을 외우고 연습하도록 한다.

일반적인 종속접속사의 종류와 그 의미		
after ~후에 before ~ 전에 although ~일지라도 as ~할 때/~ 할수록 /~ 때문에/ ~ 하듯이 as if 마치 ~인듯 as though 마치 ~인듯 as long as ~하는 한 because ~때문에 even if 만일~하더라도 even though 비록~일지라도	if 만일~라면 if only 만일~일때만 in order that ~할 수 있도록 now that 이제~이니까 once 일단 ~하면 rather than ~하기보다는 since ~때문에 so that ~ 할 수 있도록 that ~것, ~기 ※ 명사절의 기능 though ~일지라도 till ~할 때 까지	unless 만일~안한다면 until ~할 때까지 when ~할 때 whenever ~할 때마다 where ~하는 곳에서 whereas ~하지만, ~하는 반면 wherever ~하는 곳 마다 while ~하는 동안, ~하지만

[Although he tried his best], he couldn't make it.
그는 최선을 다했지만, 그것을 할 수 없었다.
She prepared dinner [so (that) her family gathered.]
그녀는 저녁을 준비했다 [그녀의 가족이 모일 수 있도록].
We should follow the rules [as long as we live in the society].
우리는 규칙을 따라야한다 [우리가 사회 속에서 살아가는 한].
[Now that we move to another city], we can do many exciting things there.
이제 우리가 다른 도시로 이사를 가니까, 우리는 많은 재미있는 것들을 그곳에서 할 수 있다.
[Rather than we are complaining about it], we should accept it.
우리가 그것에 대해 불평하느니, 우리는 그것을 받아들여야 한다.

---

1. 비록 그녀가 그를 사랑할 지라도, / 그는 더 이상 그녀를 보고 싶지 않았다   although 비록 ~할 지라도

....

2. 그들이 그녀를 보고 있었을 때, / 그들은 사랑에 빠졌다   fall in love 사랑에 빠지다

....

3. 이제 그들은 성공을 했으니까, / 그들은 더 큰 목표가 필요하다   now that ~이제 ~이니까
    bigger goal 더 큰 목표

....

4. 그녀가 이 세상에 사는 한, / 그녀는 노력해야 한다 / 더 좋은 일을 많이   as long as ~하는 한
   하려는 것을   a lot 많이

....

5. 우리가 새로운 차를 사느니, / 우리가 그들에게 그것을 고치게 만드는   rather than ~하느니
   것이 더 좋다   had better ~하는 게 더 좋다

3. 상관접속사

as ~ as B : ~한 B만큼
so ~ (that)... : 너무 ~ 하다 그래서 ... 하다
not (only) A but (also) B = B as well as A : A 뿐만 아니라 B이기도 하다

※ only와 also 중에 하나만 생략가능

not A but B : A가 아니라 B　　**both A and B** : A와 B 둘 다
either A or B : A, B 둘 중 하나　　**neither A nor B** : A, B 둘 다 아닌

He prepared / as many tools as the opponent did.
그는 준비했다 많은 도구들을 / 상대방이 그랬던 것만큼.

The woman does it / not because she wants to do it / but because her husband wants.
그녀는 그것을 한다 / 그녀가 그것을 하고 싶어서가 아니라 / 그녀의 남편이 원하기 때문에.

Your choice is / either to go with me / or not to go anywhere without me.
너의 선택은 / 나와함께 가는 것 / 이거나 나없이는 아무 곳도 가지 않는 것이다.

My dream is / not only to be a professor / but also to be a writer.
내 꿈은 / 교수가 되는 것 뿐 만아니라 / 작가가 되는 것이기도 하다.

접속사종합

1. 그것은 매우 유용하다 / 우리가 위험에 처해있을 때 뿐 만아니라, / 우리가 이동할 때에도
   - not only A but also B A뿐만 아니라 B도
   - useful 유용한　be in danger 위험에 처하다
   - move 이동하다

2. 그녀는 그를 찾으려 노력했다 / 그가 그녀를 찾으려 노력한 것만큼 많이
   - try toV V하려 노력하다
   - as much as B 많이 B만큼

3. 그들은 그녀를 찾아내거나 / 적어도 그녀의 가족을 찾아야한다
   - either A of B A 이거나 B

4. 그는 그녀를 잊지 못한다 / 그가 그녀를 아직도 사랑하기 때문이 아니라 / 그가 그녀에게 동정심을 느끼기 때문에
   - forget 잊다
   - not because A but because B
   - A때문이 아니라 B때문에
   - feel sympathy for A A에게 동정심을 느끼다

5. 그 회사의 일꾼들은 / 열심히 일 할 뿐만 아니라 / 일을 즐기기도 한다
   - workers 일꾼들
   - not only A but also B A뿐만 아니라 B도
   - enjoy 즐기다

6. 네가 지금 해야 하는 것은 / 다른 누군가를 위한 것이 아니고 / 너를 위한 것이다
   - someone else 다른 누군가
   - not for A but for B
   - A를 위해서가 아니라 B를 위해

7.	그녀는 그와 함께 식사를 하고 싶었다 / 그녀가 그와 함께 있고 싶어서가 아니라 / 그녀가 외로웠기 때문에	have a meal with A A와 식사하다 not because A but because B A때문이 아니라 B때문에 lonely 외로운
8.	그 배가 아직도 도착하지 않는 이유는 / 폭풍 때문도 / 높은 파도 때문도 아니다	the ship 그 배 still 아직도 arrive 도착하다 high waves 높은 파도 neither because of A nor because of B A때문도 B때문도 아니다 a storm 폭풍
9.	그들은 너무나 배가 고팠다 / 그래서 그들은 훔쳤다 / 그 요리사가 구운 빵을	hungry 배고픈 so~that- 너무~하다 그래서-하다 the cook 그 요리사 bake 굽다 steal-stole-stolen 훔치다 bread 빵
10.	이 사회는 너무나 삭막하다 / 그래서 나는 기댈 곳이 없다	society 사회 bleak 삭막한 have no ~이 없다 lean on 기대다
11.	그들은 너무 많은 문제점을 가지고 있다 / 그래서 그들은 그 것을 해낼 수 없다	make it 해내다 so~ that…
12.	그녀는 / 여배우일 뿐 아니라 / 감독이기도 하다	an actress 여배우 a director 감독 not only A but also B A뿐만 아니라 B도
13.	그 선생님은 칠판에 썼다 / 학생들이 이해 할 수 있을 만큼 많은 글자를	write on the board 칠판에 쓰다 as many N as B B만큼 많은 N
14.	그녀가 위험에 처해있을 때 / 그는 언제나 나타난다	when ~할 때 always 항상 appear 나타나다
15.	그녀는 그가 그녀의 아들이란 것을 느꼈기 때문에 / 그녀는 여기저기 돌아다녔다 / 그를 찾기 위해서	go here and there 여기저기 돌아다니다 find 찾다
16.	그들의 부모님은 / 그들을 사랑할 뿐 만 아니라 / 그들의 미래에 대해 걱정 한다	not only A but also B A뿐만 아니라 B도 be concerned about ~에 대해 걱정하다 future 미래
17.	그녀는 그 인형이 필요했다 / 그것을 가지고 놀기 위해서가 아니라 / 그녀의 마음을 치료하기 위해서	the doll 그 인형 not toV1 but toV2 V1하기 위해서가 아니라 V2하기 위해서 play with ~를 가지고 놀다 heal her mind 그녀의 마음을 치료하다
18.	그녀는 생각했다 / 만일 그가 그녀에게 사과한다면 / 그녀가 그를 다시 만나겠다고	apologize toA A에게 사과하다 again 다시

4. 분사구문

분사구문은 접속사를 사용해야 하는 자리에 분사구를 이용하여 간략화 하는 것이다. 분사구문은 다음과 같이 정의 할 수 있다.

> 분사구문 : 접속사 생략구문
>
> **Knowing that she was not honest, he couldn't believe her any more.**
> **= As he knew that she was not honest, he couldn't believe her any more.**
> 그녀가 정직하지 않다는 것을 알았기 때문에, 그는 더 이상 그녀를 믿을 수 없었다.

✏️ 분사구문 만들기

대부분의 경우에 있어, 분사구문은 인과 관계를 나타내거나, 부대상황 -동시에 일어나는 상황- 을 나타내거나, 혹은 연속된 상황을 나타낼 때 사용한다. 우리가 사용하는 말이라는 것은 축약하고 사용할 수 있는 것들은 축약해 쓴다는 것을 항상 명심하라. 이 형태는 주로 동시에 일어나는 상황이나, 인과관계 등을 나타낼 때 사용한다. 또한 접속사절(=종속절)을 축약하는 것이므로, 주절(접속사가 없는 절)은 변화하지 않는다.

1) 종속절의 주어와 주절의 주어가 일치할 때

When I saw him, I ran away. (내가 그를 봤을 때, 난 도망쳤다.) 에서

When I saw him, I ran away. = Seeing him, I ran away.
① ② ③ seeing
(saw 의 기본형이 see 이므로)　　① 접속사 생략
　　　　　　　　　　　　　　　② 일치하는 주어 생략
　　　　　　　　　　　　　　　③ 동사의 기본형+ing

2) 종속절의 주어가 주절의 주어와 다를 때

If it is fine tomorrow, I'll visit him. (내일 날씨가 좋으면, 그를 방문하겠다.) 에서

If it is fine tomorrow, I'll visit him. = It being fine, I'll visit him.
① ② ③ being
(is 의 기본형이 be 이므로)　　① 접속사 생략
　　　　　　　　　　　　　② 일치하지 않는 주어 남겨두기
　　　　　　　　　　　　　③ 동사의 기본형+ing

3) 종속절에 p.p.(수동)의 형태가 쓰였을 때

As he was worried about that, he couldn't sleep.
(그가 그것을 걱정했기 때문에, 그는 잘수 없었다.) 에서

As he was worried about that, he couldn't sleep
① ② ③ being
　　　　(was 의 기본형이 be 이므로)

① 접속사 생략
② 일치하는 주어 생략
③ 동사의 기본형+ing

= (Being) worried about that, he couldn't sleep.
= Worried about that, he couldn't sleep.　　　　　　※ 이때 being은 대부분 생략된다.

4) 종속절이 부정문일 때

As he was not sure what it meant, he asked her about it.
(그가 그것이 무엇을 의미하는지 확신할 수 없었기 때문에, 그는 그녀에게 그것에 대해 물어보았다.)
에서

As he was not sure what it meant, he asked her about it.
① ② ③ being
　　　　(was 의 기본형이 be 이므로)

① 접속사 생략
② 일치하는 주어 생략
③ 동사의 기본형+ing

= Not (being) sure what it meant, he asked her about it.
= Not sure what it meant, he asked her about it.

분사구문

1. 그녀를 보았을 때, / 그는 뛰기 시작했다
   start to run 뛰기 시작하다

2. 내일 비가 온다면, / 우리는 소풍을 가지 않을 것이다
   it rains 비가 오다
   go on a picnic 소풍을 가다

3. 그는 기차를 타고 떠났다 / 내게 미소를 지으면서
   leave by train 기차를 타고 떠나다
   smile at me 내게 미소를 짓다

4. 그녀는 나를 안아주었다 / 조용히 흐느끼면서
   hug 안다
   sob quietly 조용히 흐느끼다

5. 안도했기 때문에, / 그는 잠자리에 들었다
   relieved 안도하는
   go to bed 잠자리에 들다

6. 그의 말로 판단해 보건데, / 그것은 사실이 아니다
   judging from ~로 판단해 보건데
   his words 그의 말   be true 사실이다

7. 만일 네가 건강해 지기를 원한다면, / 아침을 반드시 먹어라
   become healthy 건강해지다
   be sure toV 반드시 ~하다
   breakfast 아침을 먹다

8. 그녀를 카페에서 보았을 때, / 그의 심장이 더 빠르게 뛰기 시작했다
   cafe 카페   heart 심장
   beat (심장이)뛰다

9. 만일 네가 꿈을 가지고 있다면, / 너는 모든 것을 다해야 한다 / 그것을 이루기 위해
   have a dream 꿈을 가지다
   do everything 모든 것을 다하다
   achieve 이루다

10. 내 과거를 비추어 보면, / 나는 잘 한 것이 거의 없었다
    reflect on 비추어 보다   past 과거
    rarely do a good thing 잘한 것이 거의 없다

11. 그녀와 함께 했던 시간을 돌아보면, / 난 매우 행복했었다
    look back on ~을 돌아보다
    the time with her 그녀와 함께 했던 시간

12. 내 친구들과 나는 좋은 시간을 보냈다 / 수영장에서 수영을 하면서
    have a good time 좋은 시간을 보내다
    swim 수영하다   pool 수영장

13. 그녀가 그것을 할 것이라는 걸 알았기 때문에, / 나는 그녀를 막아야만 했다
    know 알다   had toV ~해야만 했다
    stop 막다

14. 대중들 앞에서 연설하는데 문제를 가지고 있었기 때문에, / 그는 연습하고 또 연습했다

have problem ~ing ~하는데 문제가 있다
give a speech 연설하다
in public 대중 앞에서
practice and practice 연습하고 또 연습하다

15. 경찰에 의해 쫓기고 있었기 때문에, / 그는 숨을 곳이 필요했다

chase 쫓다   police 경찰
hide 숨다

16. 많은 사람들에 의해 선호되기 때문에, / 그 차는 매우 비싸다

prefer-preferred-preferred 선호하다
the car 그 차   expensive 비싼

17. 그 행사를 준비하면서, / 우리는 많은 갈등이 있었다

prepare 준비하다   the event 그 행사
have many conflicts 많은 갈등이 있다

18. 그녀가 새로운 계획을 시작하는 것을 도울 때, / 그는 최선을 다했다 / 그녀를 위해서가 아니라 많은 다른 이들을 위해

start a new plan 새로운 계획을 시작하다
do(try) one's best 최선을 다하다
not for A but for B
A를 위해서가 아니라 B를 위해
many other people 많은 다른 이들

19. 그가 길을 건너는 것을 보았을 때, / 나는 그에게 소리쳤다

cross the street 길을 건너다
yell-yelled-yelled at ~에게 소리치다

20. 소설을 쓸 충분한 자료를 갖지 못했기 때문에, / 나는 아직 쓸 준비가 되지 않았다

write a novel 소설을 쓰다
materials 자료   yet 아직
be ready toV ~할 준비가 되다

MEMO

Chapter 14

가정법

Chapter 14 가정법

1. 가정법 과거

가정법 과거란, 가정을 하는 절의 동사의 모양을 과거형으로 사용하며, 말하는 그 순간을 시점으로 그 시점의 사실과는 반대의 내용을 나타낸다.

If he had some money, he could buy a new car.
그가 만약 돈이 있다면, 그는 차를 살 수 있을 텐데. (현재 돈이 없다)
If he were a teacher, he could teach it.
그가 만약 선생님이라면, 그것을 가르칠 수 있을 텐데. (현재 선생님이 아니다)

가정법 과거는 다음과 같은 형태를 갖는다.

『If +주어+과거동사, 주어 + 과거조동사(could, would, might) + 동사원형』

가정법과거는 If절에 과거형의 동사를 쓰기 때문에 그렇게 부르며, 현재 사실의 반대를 나타낸다.
※ 가정법 과거에서 be 동사는 주어와 관계없이 were 만을 사용한다.

It is the (high) time he did it. 그가 그것을 해야 할 때이다 (아직 하지는 않았다)

위의 경우에도 time 뒤의 절에 과거동사를 사용해 가정을 하고 있다.

2. 가정법 과거완료

가정법 과거완료란, 가정을 하는 절의 동사를 과거완료 형태로 사용하며, 말하는 그 순간을 시점으로 과거의 일의 반대상황을 의미한다.

If I had had more money, I could have married her.
내가 돈이 더 있었다면, 내가 그녀와 결혼 할 수 있었을 텐데. (돈이 없었다)
If she had seen me , we could have made it.
그녀가 나를 보았다면, 우리는 그것을 해낼 수 있었을 텐데. (그녀가 나를 보지 않았다)

가정법 과거 완료는 일반적으로 다음과 같은 형태를 갖는다.

『If+주어+과거완료(had p.p.), 주어 + 과거조동사(could,would, might) + have p.p.(동사원형)』

가정법 과거완료는 if 절에 과거완료 동사를 쓰기 때문에 그렇게 부르며, 과거의 사실에 대한 반대를 나타낸다.

3. 가정법 미래와 현재

1) If it be(is) fine next Sunday, we can go on a picnic.
   다음 주 일요일에 날씨가 좋으면, 우리는 소풍을 갈 수 있다.

2) If I should die now, who may take my duties?
   내가 지금 죽는다면, 누가 내 의무를 대신할까?

3) If he were to leave now, no one would feel sad for him.
   그가 지금 떠난다면, 아무도 그를 위해 슬퍼하지 않을 것이다.

가정법 미래와 현재는 현재 상황에서 미래의 일을 가정해 보는 것이다. 1번 문장에서는 과거에는 if 절에 동사 원형을 썼지만, 현재의 구어체에서는 현재형 동사를 사용하는 것이 일반적이다. 가정법 미래냐 현재냐를 구분하는 것 보다는, 이러한 문형들이 현재 상황에서 일어날 일들을 가정해보는 데에 그 쓰임이 있다는 것을 알아두면 된다.

4. wish를 사용한 표현

<주어 +wish (that) 주어 +과거동사> 바란다(바랐다) ~했으면 좋겠다고

   I wish I were a grown-up. 내가 어른이었으면 좋겠다.
   He wished he were a teacher. 그는 그가 선생님이면 하고 바랬다.

wish의 시제와 상관없이 그 순간의 일을 가정하는 것이면, 가정법 과거를 사용한다.

<주어 +wish (that) 주어 과거완료동사> 바란다(바랐다) ~했었으면 좋겠다고

   I wish I had been a teacher.
   내가 선생님이었다면 좋을 텐데. (wish시점보다 앞선 과거에 선생님이 아니었다.)

   He wished she had helped him.
   그는 그녀가 그를 도왔다면 좋았다고 바랬다. (wish시점보다 앞선 과거에 그를 돕지 않았다.)

wish의 시제와 상관없이 그 순간보다 과거의 일을 가정하는 것이면, 가정법 과거완료를 사용한다.

5. as if 를 사용한 표현

<as if 주어+과거동사> 마치 ~한 듯

He acts as if he were a boss.
그는 마치 그가 사장인 듯 행동한다.

She saw me as if she knew everything.
그녀는 나를 보았다. 마치 그녀가 모든 것을 아는 듯이

<as if 주어+과거완료동사> 마치 ~ 했던 듯

Tommy smiled as if he had known the answer.
Tommy는 마치 답을 알고 있었다는 듯이 미소 지었다.

They forgave me as if they had known what I would do.
그들을 날 용서 했다 마치 그들이 내가 하려했던 것을 알고 있었다는 듯이.

1. 만일 내가 너라면, / 난 그것을 하지 않을 거야

2. 만일 그가 차를 가지고 있다면, / 그가 그곳에 언제라도 갈 수 있을 텐데   anytime 언제라도

3. 만일 그녀가 그를 사랑했었다면, / 그녀는 그를 떠나지 않았을 것이다   leave-left-left him 그를 떠나다

4. 만일 그들이 네가 그 것을 했다는 것을 알았다면, / 그들은 너를 도와 주지 않았을 것이다

5. 그녀는 행동했다 / 마치 그녀가 모든 것을 알고 있었다는 듯이 (as if)

6. 그녀는 행동했다 / 마치 그녀가 모든 것을 알고 있다는 듯이 (as if)

7. 나는 바란다 / 내가 새였으면 하고 (wish)

8. 그는 바랐다 / 그녀가 그를 사랑하기를 (wish)

9. 그녀는 말한다 / 마치 그녀가 모든 것을 준비하는 것처럼 (as if)

10. 만일 그가 많은 돈을 가지고 있다면, / 그는 그 집을 살 수 있을 텐데

11. 나는 바란다 / 그가 그곳을 방문하지 않았었기를 (wish)

12. 만일 우리가 이곳에 있지 않다면, / 우리는 그들을 도울 수 없을 것이다

13. 만일 그녀가 그곳에 있지 않았었다면, / 그녀는 그와 함께 있었을 것이다

14. 그 없이는, / 우리는 아무것도 할 수 없었을 것이다 (without)

15. 에디슨이 아니었다면, / 우리는 지금 전구를 갖지 못했을 것이다

16. 만일 내가 그 선생님을 만나지 않았었다면, / 나는 아무것도 할 수 없었을 것이다

but for ~이 아니었다면
Edison 에디슨   a light bulb 전구

17. 만일 우리가 시간이 있었다면, / 우리는 피지 섬에 있을 수 있을 텐데

be on Fiji Islands 피지 섬에 있다

18. 만일 그가 그녀를 도와주지 않았더라면, / 그녀는 살아남지 못했을 것이다

survive 살아남다

19. 그녀는 미소 짓고 있었다 / 마치 그녀는 내가 그곳에 올 것을 알고 있었다는 듯 (as if, had p.p.)

20. 만일 그가 술을 너무 많이 마시지 않았었다면, / 그는 그 아파트를 살 수 있었을 것이다

drink too much 술을 너무 많이 마시다
the apartment 그 아파트

MEMO

Chapter 01 be동사와 일반동사의 이해

1.

그들의 강아지들은	매우 귀엽다
Their puppies	are very cute.

2.

나는	사랑한다	그를	매우 많이
I	love	him	very much.

3.

그는	마신다	한 잔의 우유를	매일 아침
He	drinks	a glass of milk	every morning.

4.

그녀는	선생님이다
She	is a teacher.

5.

그의 어머니는	기다린다	그를	집 앞에서	매일저녁
His mother	waits for	him	in front of the house	every evening.

6.

많은 남자들은	기억한다	그녀의 남동생들을
Many men	remember	her brothers.

7.

그녀는	가지고 있다	많은 사진들을
She	has	many photos.

8.

우리의 컴퓨터들은	매우 좋다
Our computers	are very good.

9.

이 방에 있는 것들은	우리의 것이다
Things in this room	are ours.

10.

그녀는	학교에간다	매일 아침	7시에
She	goes to school	every morning	at 7.

11.

그는	알고 있다	그녀의 비밀에 대해
He	knows	about her secret.

12.

Tom은	쓴다	많은 편지들을
Tom	writes	many letters.

13.

그의 고양이는	가지고 있다	네 개의 발을
His cat	has	four legs.

14.

그의 강아지는	가지고 있다	짧은 꼬리를
His puppy	has	a short tail.

15.

그는	사랑한다	그녀의 아름다운 눈들을
He	loves	her beautiful eyes.

16.

우리의 차들은	매우 편리하다
Our cars	are very convenient.

17.

그녀는	걸어서 간다 학교에	매일
She	walks to school	everyday.

18.

이 집 안에 있는 의자들은	매우 오래되었다
Chairs in this house	are very old.

19.

그의 이름은	너무 길다
His name	is too long.

20.

그들은	도와준다	그녀의 어머니를	들판에서
They	help	her mother	on the field.

21.

그들은	야구를 한다	운동장에서	매일 오후에
They	play baseball	on the playground	every afternoon.

22.

너는	원한다	그들의 사랑을
You	want	their love.

23.

그는	받는다	100달러를	매달 말에
He	receives	100dollars	at the end of every month.

24.

그들의 친구들은	지금 서울에 있다
Their friends	are in Seoul now.

25.

맛있는 피자가 있다	책상 위에
There is delicious pizza	on the desk.

26.

돼지 세 마리가 있다	의자 아래에
There are tree pigs	under the chair.

27.

그녀는	쓴다	세 통의 편지를	일주일에
She	writes	three letters	a week.

28.

그녀는	돌본다	그녀의 아이들을	매일
She	takes care of	her children	everyday.

29.

그는	그린다	많은 그림들을	그의 화실에서
He	draws	many paintings	in his studio.

30.

우리는	실망스럽다	그의 행동에
We	are disappointed	with his behavior.

31.

그는	배운다	우리의 역사에 대해
He	learns	about our history.

32.

우리의 차는	매우 빠르다	도로 위에서
Our car	is very fast	on the road.

33.

그 집 창문은	매우 크다
The window of the house	is very big.

34.

그것은	빨간 사과이다
It	is a red apple.

35.

그녀의 생각은	너무 이상하다
Her idea	is too strange.

36.

그녀는	알고 있다	그의 성공에 대해
She	knows	about his success.

37.

그 계획은	성공적이다
The plan	is successful.

38.

내 어머니의 일기장은	매우 화려하다
My mother's diary	is very colorful.

39.

그들은	도와준다	그들의 부모님을	집 안에서
They	help	their parents	in the house.

40.

그는	옮긴다	많은 박스들을
He	carries	many boxes.

41.

성진이는	매우 잘생겼다
Sungjin	is very handsome.

Chapter 02 문장의 패턴연습

1형식

1.

그는	머문다	이 호텔에
He	stays	in this hotel.

2.

그녀는	달린다	세 마리의 개와 함께	공원에서
She	runs	with three dogs	in the park.

3.

그는	있다	서울에
He	is	in Seoul.

4.

그들은	달린다	운동장에서	매일 저녁
They	run	on the playground	every evening.

5.

그녀는	도착한다	이곳에	7시에
She	arrives	here	at 7.

6.

그는	거짓말 한다	그의 아내에게
He	lies	to his wife.

7.

그는	나타난다	그 편의점 앞에	그의 친구들과 함께
He	appears	in front of the convenience store	with his friends.

8.

비가 온다	여름에
It rains	in summer.

9.

태양이	비춘다	풀밭 위에
The sun	shines	on the grass.

10.

그녀는	산다	그녀의 가족들과 함께	언덕너머의 집에서
She	lives	with her family	in the house over the hill.

11.

건조한 나무들은	잘 탄다
Dry trees	burn well.

12.

이상한 일들이	일어난다	이 세상에
Strange things	happen	in this world.

13.

그녀의 친구는	위험에 처해있다
Her friend	is in danger.

2형식

1.

그는	선생님이다	이 학교에
He	is a teacher	in this school.

2.

그는	행복해 보인다
He	looks happy.

3.

그는	편안함을 유지한다
He	stays relaxed.

4.

그 장소는	매우 깊고 위험하다
The place	is very deep and dangerous.

5.

그의 딸은	매우 영리하고 귀엽다
His daughter	is very clever and cute.

6.

그 소파는	매우 비싸다
The sofa	is very expensive.

7.

그녀는	그녀의 오빠만큼 키가 크다
She	is as tall as her brother.

8.

그녀의 어머니는	그녀보다 더 아름답다
Her mother	is more beautiful than she.

9.

그는	가장 인기 있는 축구선수들 중에 한명이다
He	is one of the most popular soccer players.

10.

그는	더 행복해 진다
He	becomes happier.

11.

그녀는	의사가 될 것이다
She	will be a doctor.

12.

그 미스터리는	풀리지 않은 채 남아있다
The mystery	remains unsolved.

13.

내 영어 선생님은	매우 키가 크고 잘생겼다
My English teacher	is very tall and handsome.

3형식

1.

그 남자는	쓴다	많은 소설들을
The man	writes	many novels.

2.

그녀는	가지고 있다	세 마리의 개를
She	has	three dogs.

3.

그녀는	본다	두 편의 영화를	일주일에
She	watches	two movies	a week.

4.

그들은	산다	두 권의 책을	매달	시내에 있는 서점에서
They	buy	two books	every month	at the book store in downtown.

5.

그는	쓴다	편지 한 통을	그의 아버지를 위해
He	writes	a letter	for his father.

6.

그녀는	만든다	많은 도구들을	그녀의 방에서
She	makes	many tools	in her room.

7.

그들은	마신다	세 잔의 우유를	매일
They	drink	three glasses of milk	everyday.

8.

그들의 선생님은	주신다	좋은 충고를	그들에게
Their teacher	gives	good advice	to them.

9.

그녀의 어머니는	부르신다	많은 옛날 노래들을
Her mother	sings	many old songs.

10.

그들은	먹는다	많은 음식들을	매일
They	eat	many foods	everyday.

11.

그 탁자는	가지고 있다	네 개의 다리들을
The table	has	four legs.

12.

그녀는	원한다	더 높은 점수를
She	wants	higher grades.

13.

그는	받는다	많은 돈을	그 회사로부터
He	receives	a lot of money	from the company.

3형식 - that절 사용

14.

그녀는	생각한다	그가 그녀의 아버지라고
She	thinks	(that) he is her father.

15.

그는	믿고 있다	그의 친구들이 그 편지들을 쓴다고
He	believes	(that) his friends write the letters.

16.

그들은	알고 있다	누군가 그들을 위해 컴퓨터들을 사준다고
They	know	(that) someone buys computers for them.

17.

그것은	의미한다	겨울에 눈이 많이 내린다는 것을
It	means	(that) it snows a lot in winter.

18.

그녀는	말한다	그녀의 남편이 그것을 만든다고
She	says	(that) her husband makes it.

19.

그는	설명한다	그의 어머니가 그 신문을 매일 읽으신다고
He	explains	(that) his mother reads the newspaper everyday.

20.

그는	생각한다	그의 친구들은 모두 잘생겼다고
He	thinks	(that) his friends are all handsome.

21.

그녀는	믿고 있다	그녀의 선생님이 많은 좋은 점들을 가지고 있다고
She	believes	(that) her teacher has many good points.

22.

그것들은	보여준다	우리의 미래가 밝다는 것을
They	show	(that) our future is bright.

23.

그것은	의미한다	우리가 더 많은 공간이 필요하다는 것을
It	means	(that) we need more space.

24.

그녀의 남편은	알고있다	그녀가 또 다른 생각을 가지고 있다는 것을
Her husband	knows	(that) she has another idea.

25.

그녀는	상상한다	그녀가 하늘에서 날아가는 것을
She	imagines	(that) she flies in the sky.

26.

그는	꿈꾼다	우리 모두가 함께 사는 것을
He	dreams	(that) we all live together.

 4형식

1.

그는	준다	나에게	책 한권을
He	gives	me	a book.

2.

그녀는	보여준다	그들에게	그 영화를
She	shows	them	the movie.

3.

그들은	가져다 준다	그녀의 아버지에게	그녀의 편지를
They	bring	her father	her letter.

4.

그들은	빌려준다	내게	약간의 돈을
They	lend	me	some money.

5.

그녀는	허락한다	나에게	이틀을
She	allows	me	two days.

6.

그녀는	묻는다	내게	몇 가지 질문들을
She	asks	me	several questions.

7.

그는	만들어 준다	내게	약간의 쿠키를
He	makes	me	some cookies.

8.

그는	제공한다	그들에게	새로운 집들을
He	offers	them	new houses.

9.

그녀의 아버지는	말해준다	그녀에게	진실을
Her father	tells	her	the truth.

10.

그는	가르쳐 준다	우리에게	영어를
He	teaches	us	English.

11.

그녀는	용서해 준다	나에게	나의 잘못을
She	forgives	me	my fault.

12.

그것은	절약해준다	나에게	3일을
It	saves	me	three days.

13.

그것은	들이게 한다	나에게	일주일을
It	costs	me	a week.

4형식-II

1.

그녀는	말한다	내게	그녀가 그를 알고 있다고
She	tells	me	(that) she knows him.

2.

그는	묻는다	내게	왜 그의 남동생이 오는지
He	asks	me	why his brother comes.

3.

그는	보여준다	그의 선생님에게	그가 그 문제를 풀 수 있다는 것을
He	shows	his teacher	(that) he can solve the problem.

4.

그는	경고한다	그들에게	우리가 그들을 도와야 한다고
He	warns	them	(that) we should help them.

5.

그는	말한다	그의 친구에게	그녀가 그곳에 갈 것이라고 내일 아침에
He	tells	his friend	(that) she will go there tomorrow morning.

6.

그는	정보를 준다	내게	그들이 그 일에 책임이 있다고
He	informs	me	(that) they are responsible for it.

7.

그 상점의 매니저는	장담한다	우리에게	그들이 가장 좋은 상품들을 가지고 있다고
The manager of the store	assures	us	(that) they have the best products.

8.

그 남자는	설득시킨다	우리에게	그가 잘생기고 친절하다고
The man	persuades	us	(that) he is handsome and kind.

9.

그는	상기시킨다	그녀에게	그가 그녀를 위해 무엇이든 할 수 있다고
He	reminds	her	(that) he can do anything for her.

10.

그녀는	묻는다	내게	내가 TV를 보고 있느냐고
She	asks	me	if I am watching TV.

11.

그가	약속한다	우리에게	그가 절대로 그것을 다시하지 않겠다고
He	promises	us	(that) he will never do that again.

12.

그 공원 안의 사람들이	경고한다	우리에게	우리가 동물들에게 음식을 주면 안된다고
The people in the park	warn	us	(that) we should not give food to animals.

5형식

1.

그녀는	만든다	그를	행복하도록
She	makes	him	happy.

2.

그들은	시킨다	그들의 아이들을	공부하도록
They	have	their children	study.

3.

그는	놔둔다	그의 강아지를	주위를 뛰어다니도록
He	lets	his puppy	run around.

4.

피자 냄새는	만든다	나를	배고프게 느끼도록
The smell of pizza	makes	me	feel hungry.

5.

그의 어머니는	도와준다	그의 아이들을	숙제를 하도록
His mother	helps	his children	(to)do homework.

6.

그 팀의 리더는	격려한다	그 팀의 멤버들을	더 열심히 일하도록
The leader of the team	encourages	the members of the team	to work harder.

7.

그 기술은	허용해준다	우리의 로봇들을	어려운 일들을 쉽게 하도록
The technique	allows	our robots	to do difficult works easily.

8.

그는	요청한다	우리들에게	수업 중에 떠들지 말라고
He	requires	us	not to make a noise in class.

9.

그녀는	본다	그녀의 남편이	달려오는 것을 그녀를 향해
She	sees	her husband	run[running] toward her.

10.

그녀의 아이들은	듣는다	그들의 친구들이	노래부르는 것을
Her children	listen to	their friends	sing[singing] a song.

11.

그 사람들은	느낀다	누군가	다가오는 것을
The people	feel	someone	approach[approaching].

12.

우리는	만든다	그 차들이	씻어진 상태가 되도록
We	make	the cars	washed.

13.

우리 선생님은	말한다	우리에게	그 곳에 가지 말라고
Our teacher	tells	us	not to go there.

5형식-II

14.
그녀는	허락한다	우리에게	컴퓨터 게임을 밤에 하는 것을
She	allows	us	to play computer games at night.

15.
그는	하게 놔둔다	그의 딸에게	소풍가는 것을
He	lets	his daughter	go on a picnic.

16.
그의 선생님은	본다	우리가	싸우는 것을
His teacher	sees	us	fight[fighting].

17.
그녀는	도와준다	그의 어머니를	요리하도록
She	helps	his mother	(to) cook.

18.
그는	재촉한다	우리에게	그것을 해결하라고
He	urges	us	to solve it.

19.
그것은	요구한다	그들의 아이들에게	더 열심히 공부하도록
It	requires	their children	to study harder.

20.
하얀 집의 남자는	만든다	우리를	불행하도록
The man in the white house	makes	us	unhappy.

21.
그는	격려한다	그의 친구들에게	그 로봇을 만들도록
He	encourages	his friends	to make the robot.

22.
우리는	느낀다	우리의 꿈이	실현되는 것을
We	feel	our dream	come[coming] true.

23.
그들의 어머니는	말한다	옆집의 사람들에게	그녀의 정원에 들어오지 말라고
Their mother	tells	the people next door	not to enter her garden.

24.

우리는	원한다	그 남자에게	우리에게 다가오지 않기를
We	want	the man	not to approach us.

25.

그는	듣는다	그의 이름이	불리우는 것을
He	hears	his name	called.

26.

그녀는	만든다	나를	더 좋은 남자로
She	makes	me	a better man.

Chapter 03 문장의 종류

 의문문

1. Does she have two dogs in her garden?
2. Are they good friends?
3. Are she and I students? or Are we students?
4. Does the man in the cafe look handsome?
5. Can she speak English?
6. Are you good at typing?
7. Does she make all kinds of dolls?
8. Do we use this computer?
9. Does he buy new things?
10. Are they happy with him?
11. Is he happy?
12. What dream do you have?

 부정문

1. She is not [isn't] very happy now.
2. They are not [aren't] so tall.
3. He does not [doesn't] write many novels.
4. We can not [can't] teach you math.
5. She does not [doesn't] let me go to the park.
6.

그녀는	사랑하지 않는다	너를
She	does not [doesn't] love	you.

7.

그는	먹지 않는다	김치를
He	does not [doesn't] eat	kimchi.

8.

그녀는	허락하지 않는다	너를	밖에 나가도록 밤늦게
She	does not[doesn't] allow	you	to go out late at night.

9.

이 컴퓨터는	잘 작동하지 않는다
This computer	does not [doesn't] work well.

10.

그녀의 어머니는	키가 크지 않다
Her mother	is not[isn't] tall.

11.

그는	그 곳에 갈 수 없다
He	can not[can't] go there.

12.

그들의 부모님은	도와주지 않는다	그들을	그들의 숙제를하도록
Their parents	do not[don't] help	them	(to) do their homework.

감탄문

1.

얼마나 멋진 소년들인가	저들은!
What wonderful boys	they are !

2.

얼마나 귀여운가	그녀는!
How cute	she is !

3.

얼마나 아름다운 꽃들인가	저것들은!
What beautiful flowers	they are !

4.

얼마나 섬세한가	그것은!
How sophisticated	it is !

5.

얼마나 맛있는가	그것이!
How delicious	it is !

명령문

1.

그것을 먹지마라	다시는
Do not[Never] eat that	again.

2.

매일 30분씩 걸어라	그러면	너는 건강해질 것이다
Walk for 30 minutes everyday	and	you will be healthy.

3.

그녀를 도와주어라	그렇지 않으면	그녀가 그것을 할 수 없다
Help her	or	she can not[can't] do it.

4.

친절하게 대해라 사람들에게	그러면	그들도 너에게 똑같이 해줄 것이다
Be kind to people	and	they will do the same thing to you.

5.

행복해라	나와 함께
Be happy	with me.

6.

시도하여라 그것을	다른 방법으로
Try it	in another way.

Chapter 04 동사의 시제

과거시제

1.

그녀는	수원에 있었다
She	was in Suwon.

2.

그는	마셨다	한 잔의 커피를	오늘 아침에
He	drank	a cup of coffee	this morning.

3.

그녀는	보았다	그녀의 남편을
She	saw	her husband.

4.

그들은	도와주었다	우리를	숙제를 하도록
They	helped	us	(to) do homework.

5.

이 회사의 주인은	허락해주었다	이지역의 주민들에게	공장을 둘러보도록
The owner of this company	allowed	residents of this area	to look around the factory.

6.

나는	들었다	누군가	소리지르는 것을
I	heard	someone	shout[shouting].

7.

그는	제공했다	고아원의 아이들에게	많은 도움을
He	offered	the children of the orphanage	a lot of help.

8.

그는	썼다	그의 이름을	산 속에 있는 바위 위에
He	wrote	his name	on the rock in the mountain.

9.

그는	좋아했다	그의 강아지와 고양이를
He	liked	his puppy and cat.

10.

대한민국 대통령은	존경했다	대한민국 국민들을
The president of Korea	respected	the people of Korea.

11.

그는	피곤한듯 보였다
He	looked tired.

12.

그와 그의 아내는	매우 행복했다
He and his wife	were very happy.

13.

어젯밤에	그녀는	너무 피곤했다
Last night	she	was too tired.

14.

그는	노래했다	많은 사람들 앞에서
He	sang	in front of many people.

15.

그녀의 반 친구들은	싫어했다	그녀의 생각을
Her classmates	hated	her thought.

16.

그들은	생각했다	그들이 그녀를 위해 무언가 할 수 있다고
They	thought	(that) they could do something for her.

17.

그들은	사랑했다	서로를	그 당시에
They	loved	each other	at that time.

18.

누군가가	불렀다	내 이름을
Someone	called	my name.

19.

그 클럽의 멤버들은	말했다	그들이 무엇이든 할 수 있다고
The members of the club	said	(that) they could do anything.

20.

오래된 오두막이 하나 있었다	산 속에
There was an old cottage	in the mountain.

21.

그는	매우 가난했다	그가 어릴 때에
He	was very poor	when he was young.

22.

우리는	믿었다	우리의 사랑이 영원할 거라고
We	believed	(that) our love would be forever.

23.

그는	물었다	내게	내가 그를 사랑하는지
He	asked	me	if I loved him.

24.

그녀는	알고싶었다	왜 그녀가 그를 떠나는지
She	wanted to know	why she left him.

25.

그녀는	미안했다	그녀가 그를 도와줄 수 없어서
She	was sorry	(that) she could not help him.

26.

그녀는	주었다	그녀의 학생들에게	어려운 문제를
She	gave	her students	a difficult problem.

27.

그 괴물은	가지고 있었다	여섯 개의 팔들과 여덟 개의 다리들을
The monster	had	six arms and eight legs.

28.

그녀는	생각했다	그녀가 무언가를 해야 한다고 그를 위해
She	thought	(that) she should do something for him.

29.

어떤 학생들은	원했다	그들의 부모에게	그들의 용돈을 올려주도록
Some of students	wanted	their parents	to raise their allowance.

30.

그들의 친구들을	요구했다	이 집의 남자에게	그 개가 돌아다니게 하지 않도록
Their friends	asked	the man of this house	not to let the dog go around.

31.

공장으로부터의 가스는	오염시켰다	이 지역의 공기질을
Gas from the factory	polluted	air quality in this area.

32.

그는	창조했다	새로운 공간을	그의 아이들을 위해
He	created	new space	for his children.

33.

그녀는	찾고있었다	없어진 아이를
She	was looking for	a missing child.

34.

그는	데려갔다	그의 아이를	튤립 축제에
He	took	his child	to the tulip festival.

35.

그는	가져다 주었다	그녀에게	멋진 꽃병을
He	brought	her	a wonderful vase.

36.

그 가게의 점원은	요구했다	나에게	영수증을 그에게 보여줄 것을
The clerk of the store	asked	me	to show him the receipt.

37.

그녀의 딸이	물었다	나에게	내가 그녀를 도와줄 수 있는지
Her daughter	asked	me	if I could help her.

38.

그 로봇의 팔들은	할 수 있었다	많은 것들을
The robot's arms	could do	many things.

39.

그녀는	울었다	많은 사람들 앞에서
She	cried	in front of many people.

40.

그 학교로부터	우리는	배웠다	많은 것을
From the school	we	learned	many things.

41. What did he do yesterday?

42.

그녀는	알지 못했다	그녀의 선생님에 대해
She	did not[didn't] know	about her teacher.

43.

그녀는	사랑하지 않았다	그녀의 직업을
She	did not[didn't] love	her job.

44.

그의 친구들은	좋아하지 않았다	그를
His friends	did not[didn't] like	him.

45. Did he come yesterday?

46.

그녀는	원하지 않았다	나에게	그녀와 함께있는 것을
She	did not[didn't] want	me	to be together with her.

47.

그 남자의 컴퓨터는	잘 작동하지 않았다
The man's computer	did not [didn't] work well.

48.

너의 꿈은 무엇이었니	네가 어렸을 때?
What was your dream	when you were young?

49.

그는	믿지 않았다	그가 그 일을 할 수 있을 거라고
He	did not [didn't] believe	(that) he could do the job.

50.

그녀와 나는	좋은 친구가 아니었다
She and I	were not good friends.

51.

산 속에 있는 그 토끼는	피하지 못했다	그 여우를
The rabbit in the mountain	could not[couldn't] avoid	the fox.

52.

그 가게의 주인은	말하지 않았다	그가 너를 도와준다고
The owner of the store	did not [didn't] say	(that) he helped you.

53.

가장 인기 있는 스포츠 중에 하나는	농구였다
One of the most popular sports	was basketball.

진행시제

1.

그는	농구를 하고 있는 중이다	그의 친구들과 함께
He	is playing basketball	with his friends.

2.

나는	점심을 먹고 있다	내 고객들 중 한명과
I	am having lunch	with one of my clients.

3.

그녀는	보고 있는 중이다	흥미로운 영화를
She	is watching	an interesting movie.

4.

그녀는	울고 있는 중이다	그녀의 남자친구 때문에
She	is crying	because of her boyfriend.

5.

그 학교의 사람들은	만들고 있는 중이다	새로운 시설물을
People of the school	are making	new facility.

6.

우리는	게임을 하고있는 중이다	온라인에서
We	are playing games	online.

7.

그들은	찾고 있는 중이다	그들의 문제점을
They	are looking for	their problem.

8.

그녀의 남편은	생각하는 중이다	어떻게 그들을 도울지
Her husband	is thinking	how to help them.

9.

그녀는	만나고 있는 중이다	그녀의 아버지의 친구를
She	is meeting	her father's friend.

10.

우리는	치르고 있는 중이다	영어시험을
We	are taking	an exam in English.

11.

그 차고에 있는 남자는	음악을 듣고 있는 중이다
The man in the garage	is listening to music.

12.

그녀는	마시고 있는 중이다	시원한 물을
She	is drinking	cool water.

13.

그들의 어머니는	만드는 중이다 맛있는 음식을	그들을 위해서
Their mother	is making a delicious dish	for them.

14.

그들은	보고있는 중이었다 TV를	그들의 가족과 함께
They	were watching TV	with their family.

15.

우리들은	말하고 있는 중이었다	우리가 투표를 해야 한다고
We	were saying	(that) we should vote.

16.

그들의 비행기는	날고 있는 중이었다	푸른 하늘에서
Their plane	was flying	in the blue sky.

17.

그는	뛰고 있는 중이었다	전철역을 향해서
He	was running	toward the subway station.

18.

그녀는	찾고 있는 중이었다	구급상자를
She	was looking for	a first-aid kit.

19.

그의 친구 중 한명은	보고 있는 중이었다	그녀를	문으로 들어오는 것을
One of his friends	was seeing	her	enter[entering] the door.

20.

그는	먹고 있는 중이었다	카레를	빠르게
He	was eating	curry	quickly.

21.

그들의 꿈은	실현되고 있는 중이었다
Their dream	was coming true.

22.

우리는	만들고 있는 중이었다	그들을	행복하게
We	were making	them	happy.

23.

너는	노력하는 중이었다	그를 돕는 것을
You	were trying	to help him.

24.

그 컴퓨터는	처리 하고 있는 중이었다	우리의 성적에 대한 정보를
The computer	was processing	information about our grades.

25.

그 후보는	연설하고있는 중이었다	그녀가 최선을 다하겠다고	이 지역의 사람들을 위해
The candidate	was giving a speech	(that) she would do her best	for the people of this area.

26.

그녀와 나 사이의 관계는	점점 나빠지고 있었다
The relationship between her and me	was getting worse and worse.

미래시제

will 사용

1.

나는	만들것이다	그를	의사로
I	will make	him	a doctor.

2.

그녀는	줄 것이다	그녀의 친구들에게	많은 도움을
She	will give	her friends	a lot of help.

3.

그 시장의 상인들은	필요하게 될 것이다	새로운 방법들이
Merchants in the market	will need	new methods.

4.

북한의 사람들은	요청하게 될 것이다	그들의 정부에게	새로운 정책들을
North Koreans	will require	their government	new policies.

5.

그녀는	결혼하게 될 것이다 나와	언젠가는
She	will marry me	someday

6.

너는	보지 않을 것이다	너의 미래를	이곳에서
You	will not[won't] see	your future	here.

be going toV 사용

7.

나는	갈 것이다 그곳에	내 친구들과 함께	내일 오후에
I	am going to go there	with my friends	tomorrow afternoon.

8.

그들의 사장은	줄일 것이다	생산을
Their boss	is going to cut down on	the production.

9.

나는	만들 것이다	아름다운 세상을	너희들과 함께
I	am going to make	a beautiful world	with you.

10.

나는	살 것이다	열 개의 방이 있는 새로운 집을
I	am going to buy	a new house with ten rooms in it.

11.

그는	들를 것이다	너의 집에	내일 밤에
He	is going to stop by	your house	tomorrow night.

12.

나는	끝마치지 않을 거야	이것을	10분 안에는
I	am not going to finish	this	within ten minutes.

현재완료시제

1.

그녀는	보아오고 있다	TV를	세 시간 동안
She	has watched	TV	for three hours.

2.

그녀와 그녀의 가족들은	살아오고 있다	이 마을에	1997년 부터
She and her family	have lived	in this village	since 1997.

3.

그는	공부해오고 있다	역사를	50년 동안
He	has studied	history	for 50 years.

4.

그들의 친구는	떠났다 유럽으로
Their friend	has left for Europe.

5.

그 마을의 사람들은	가본 적이 있다 유럽에
The people of the village	have been to Europe.

6.

나는	막 끝냈다	내 숙제를
I	have just finished	my homework.

7.

그들은	알아오고 있다	서로를	오랫동안
They	have known	each other	for a long time.

8.

그는	잃어 버렸다	그의 지갑을
He	has lost	his wallet.

9.

그는	일해오고 있다	이 회사를 위해	그가 스무 살 때부터
He	has worked	for this company	since he was 20.

10.

나는	보았다	이 영화를	두 번	그와 함께
I	have watched	this movie	twice	with him.

11.

그는	보지 못했다	그녀의 진실을 아직
He	has not seen	her truth yet.

12.

그녀는	사랑해오고 있다	그녀의 남편을	20년 동안
She	has loved	her husband	for 20 years.

13.

그녀는	먹어봤다	이 음식을	여러 번
She	has eaten	this food	many times.

14.

그는	이미 끝냈다	그의 업무를
He	has already finished	his assignment.

15.

유럽에서	많은 사람들이	먹어본 적이 있다	김치를
In Europe	many people	have eaten	kimchi

16.

나는	일본에 가본 적이 있다	전에
I	have been to Japan	before.

17.

그녀와 나는	보아오고 있다	축구경기를	두 시간 동안
She and I	have watched	a soccer match	for two hours.

18.

그녀의 남동생은	노력해오고 있다	새로운 방법을 찾는 것을	삼년 동안
Her brother	has tried	to find a new method	for three years.

19.

그녀는	만들어 오고 있다	그 마을의 사람들을	더 행복하게
She	has made	the people of the village	happier.

20.

그 클럽의 사람들은	주어오고 있다	그 고아원의 아이들에게	많은 돈을
The people of the club	have given	the children in the orphanage	a lot of money.

21.

사람들과 동물들은	유지해오고 있다	좋은 관계를
People and animals	have kept	good relationship.

22.

2002년부터	한국인들은	개발해 오고 있다	많은 스포츠 장비들을
Since 2002	Koreans	have developed	many gears for sports.

23.

그 학교의 정책은	허용해 오고 있다	학생들에게	그들의 머리카락을 염색하는 것을
The policy of the school	has allowed	students	to dye their hair.

24.

그들의 성과는	이미 접근했다	그들의 목표에
Their achievement	has already approached	their goal.

25.

우리는	건설해오고 있다	많은 다리와 댐들을
We	have constructed	many bridges and dams.

26.

그는	해결해오고 있다	많은 아이들의 문제들을	3년 동안
He	has solved	problems of many children	for three years.

그 밖의 시간표현들

과거완료 : had p.p

1.

그는	말했다	그가 많은 장난감을 만들었다고
He	said	(that) he had made many toys.

2.

그 사냥꾼은	물었다	그 농부에게	그가 여우를 보았었는지
The hunter	asked	the farmer	if he had seen a fox.

3.

그 당시에	나는	생각했다	누군가 그녀를 도왔었다고
At that time	I	thought	someone had helped her.

4.

나는	그녀와 데이트를 했었다	그가 나타나기 전에
I	had had a date with her	before he appeared.

5.

그 회사의 직원은	멋진 아이디어를 가졌었다
A member of the company	had had a great idea.

6.

그녀와 나는	매우 좋은 친구였었다
She and I	had been very good friends.

7.

그 나라의 인구는	증가했었다
Population of the country	had increased.

8.

그녀는	허락했었다	그에게	그 아이와 어울리는 것을
She	had allowed	him	to get along with the child.

9.

그는	깨달았다	그녀가 그를 사랑했었다고
He	realized	(that) she had loved him.

10.

카페 안의 사람들은	후회했다	그들이 그를 도망치도록 돕지 않았던 것을
The people in the cafe	regretted	they had not helped him (to) escape.

미래 완료형태 : will have p.p. (~ 해오게 된다)

11.

그녀는	살아오게 된다	21년 동안	내년이면
She	will have lived	for 21 years	by next year.

12.

나는	일해 오게 된다	이 회사를 위해	20년 동안	다음 달이면
I	will have worked	for this company	for 20 years	by next month.

13.

그들의 선생님은	가르치게 되는 것이다	학생들을	50년 동안
Their teacher	will have taught	students	for 50 years.

14.

그의 아이들은	형성해 오게 될것이다	그들의 내부 에너지를	평생동안
His children	will have formed	their inner energy	for a life time.

15.

그 마을의 사람들은	반대해 오게 된다	그 계획을	그 시장이 마음을 바꿀 때 까지
People of the village	will have objected	to the plan	until the mayor changes his mind.

현재완료 진행표현: have(has) been ~ing (~ 해오는 중이다)

16.

그녀는	컴퓨터 게임을 해오고 있는 중이다	세 시간 동안
She	has been playing computer games	for three hours.

17.

우리들은	축구를 해오고 있는 중이다	두 시간 동안
We	have been playing soccer	for two hours.

18.

그는	노력해오고 있는 중이다	거대한 로봇을 만드는 것을
He	has been trying	to make a giant robot.

19.

한국의 대통령은	최선을 다해오는 중이다	그 나라 사람들을 위해
The president of Korea	has been trying his best	for the people of the country.

20.

나는	숙제를 해오는 중이다	환경을 보전하는 것에 대한
I	have been doing homework	about conserving environment.

21.

그녀는	기다려 오는 중이다	그녀의 가족을	50년 동안
She	has been waiting for	her family	for 50 years.

22.

그들의 선생님은	설명해오고 있는 중이다	왜 낮의 길이가 바뀌는 지를
Their teacher	has been explaining	why the length of the day changes.

23.

그녀는	생각해오는 중이다	마케팅 방법에 대해
She	has been thinking	about marketing method.

Chapter 05 조동사

can : 가능, 허락을 나타냄

1.

너는	갈 수 있어 지금
You	can go now.

2. Can I help you?

3.

나는	도울 수 있다	그녀를	사진을 찍도록
I	can help	her	(to) take a picture.

could: can의 과거형태, 가정의 의미

1.

그녀는	만들 수 있었다	너를	좋은 남자로
She	could make	you	a good man.

2.

그들의 선생님은	가르칠 수 있을 거야	더 많은 학생들을	한국에서
Their teacher	could teach	more students	in Korea.

3.

그 학교의 교장은	바꿀 수 있었다	그들의 마음을
The principal of the school	could change	their mind.

may : 가능, 허락의 의미

1.

그의 말은	사실 일 지도 모른다
His words	may be true.

2.

너는	가도 된다	네 숙제를 끝낸 후에
You	may go	after finishing your homework.

3.

그것은	도울수 있을지도 모른다	너를	그녀를 찾도록
It	may help	you	(to) find her.

might: may의 과거, 가정의 의미

1.

그는	도울 수 있을지도 모른다	그의 아내를	그 아이들을 돌보도록
He	might help	his wife	(to) take care of children.

2.

그 공장은	오염시킬지도 모른다	우리의 강을
The factory	might pollute	our river.

3.

내 어머니는	선생님일지도 모른다
My mother	might be a teacher.

shall : 의지, 제안 을 나타냄

1. Shall we dance?
2. Shall we go to the museum near Han river?
3.

나는	하지 않겠다	그것을
I	shall not do	that.

should : shall의 과거, 의무의 표현

1.

우리는	도와주어야만 한다	가난한 사람들을	행복해지도록
We	should help	poor people	(to)become happy.

2.

그는	가지 말아야 한다	그 곳에	그녀를 위해
He	should not go	there	for her.

3.

누군가는	연락해야한다 나에게
Someone	should contact me.

will : 의지를 나타냄(미래)

1.

나는	좋은 선생님이 될 것이다	많은 학생들을 위해
I	will be a good teacher	for many students.

2.

그녀는	알게 될 것이다	내가 그녀를 사랑한다는 것을
She	will know	(that) I love her.

3.

현재 상황 때문에	나는	정치인이 될 것이다
Because of current situation	I	will be a politician.

would(1) : will의 과거, 정중한 표현, 가정의 의미

1.

그녀는	이끌려고 했었다	그녀의 팀을	더 높은 점수를 얻도록
She	would lead	her team	to get higher score.

2. Would you show me the way to the subway station?

3.

그는	끝내려고 할거야	그것을	어쨌든
He	would finish	that	anyway.

would (2) : 과거의 불규칙적인 습관, ~ 하곤 했다

1.

그녀는	가곤 했다	그 축제에	그녀의 친구들과 함께
She	would go	to the festival	with her friends.

2.

그들은	마시곤 했다	뜨거운 물을	보드카와 함께
They	would drink	hot water	with vodka.

3.

그는	미소 짓곤 했다	나에게	큰 나무 아래에서
He	would smile	at me	under the big tree.

used to : 과거의 규칙적인습관, ~하곤 했다

1.

나는	다녔었다	Jisang 중학교에
I	used to go	to Jisang middle school.

2.

다리가 있었다	우리 집 근처에
There used to be a bridge	near our house.

3.

그는	수줍은 소년이었다
He	used to be a shy boy.

must : ~ 해야만 한다.~임에 틀림없다

1.

우리는	보호해야 한다	환경을
We	must conserve	the environment.

2.

너는	도와주어야만 한다	나를	그를 만나도록
You	must help	me	(to) meet him.

3.

그녀는	부자임에 틀림없다
She	must be a rich.

ought to :~ 해야만 한다

1.

우리는	지켜야만 한다	교통규칙을
We	ought to obey	traffic rules.

2.

그들은	알아야만 한다	그녀의 진실에 대해
They	ought to know	about her truth.

3.

너는	허락해야 한다	그녀가	네 컴퓨터를 쓰도록
You	ought to allow	her	to use your computer.

would rather : 차라리~ 하겠다

1.

나는	차라리 먹겠다	찬밥을
I	would rather eat	cold rice.

2.

나는	차라리 떠나겠다	너희 둘 모두를
I	would rather leave	both of you.

3.

나는	차라리 만들겠다	그녀를	울지 않도록
I	would rather make	her	not cry.

had better : ~하는 게 더 낫다

1.

너는	먹는 게 더 낫다	이 약을
You	had better take	this medicine.

2.

그는	가는 게 더 낫다	전철역으로
He	had better go	to subway station.

3.

그들은	보는 게 더 낫다	액션 영화를
They	had better watch	an action movie.

may well : ~하는 것도 당연하다(무리는 아니다), 아마~일 것이다

1.

그가	잊는 것도 당연하다	그녀를
He	may well forget	her.

2.

그들이	원하는 것도 당연하다	너에게	그들을 도와주도록
They	may well want	you	to help them.

3.

그녀가	슬퍼하는 것도 당연하다
She	may well be sad.

may as well : ~하는 편이 더 낫다. / may as well A as B: A 하는게 B보다 낫다

1.

너는	도와주는 게 더 낫다 그를	무시하는 것 보다는 그를
You	may as well help him	as ignore him.

2.

그들은	이곳에 오는 것이 더 낫다
They	may as well come here.

3.

그녀는	이곳에 있는 것이 더 낫다
She	may as well be here.

be going toV : ~할 것이다

1.

그들은	도울 것이다	너를	그 방법을 찾도록
They	are going to help	you	(to) find the method.

2.

그녀의 친구는	방문할 것이다	그녀의 아버지를
Her friend	is going to visit	her father.

3.

그녀는	알게 될 것이다	그녀의 비밀에 대해
She	is going to know	about her secret.

be able toV : ~ 할 수 있다

1.

그는	만들 수 있다	그녀를	행복하게
He	is able to make	her	happy.

2.

그들의 노력은	도울 수 있었다	가난한 아이들에게	새로운 희망을 갖도록
Their effort	was able to help	poor children	(to) have new hope.

3.

너는	사줄 수 있다	그들에게	많은 자동차들을
You	are able to buy	them	many cars.

have toV : ~해야한다

1.

그는	생각해야만 한다	그들의 문제에 대해
He	has to think	about their problem.

2.

그녀는	일해야만 했다	하루에 여덟 시간 이상 동안
She	had to work	for more than 8 hours a day.

3.

그들은	도와주어야만 한다	우리를	그 일을 해결하도록
They	have to help	us	(to) solve the problem.

be about to V : 막(곧) ~하려고 한다

1.

그는	막 떠나려고 했었다	서울을
He	was about to leave	Seoul.

2.

그들은	막 시작하려고 한다	새로운 사업을	인도에서
They	are about to start	new business	in India.

3.

그녀는	막 허용하려고 한다	그녀의 학생들에게	학교 밖에 나가는 것을	점심시간 동안에
She	is about to allow	her students	to go out of school	during lunch time.

could have p.p. : ~ 할(일) 수도 있었다

1.

그녀는	구조할 수 있었다	그 어린 아이를	강으로부터
She	could have rescued	the young child	from the river.

2.

그는	행복할 수도 있었다	나와 함께
He	could have been happy	with me.

3.

그는	만들 수 있었다	그들을	좋은 학생들로
He	could have made	them	good students.

may[might] have p.p. : ~ 했(였)을지도 모른다

1.

그녀는	선생님이었을 지도 몰라
She	might have been a teacher.

2.

그들은	돌아다녔을 지도 모른다	지구 주위를
They	might have roamed	around the Earth.

3.

그는	사랑했을 지도 모른다	그녀를
He	might have loved	her.

must have p.p. : ~ 했(였)음에 틀림없다

1.

그들은	훔쳤음에 틀림없다	금을	그 은행에서
They	must have stolen	gold	from the bank.

2.

너는	거짓말을 했음에 틀림없다	그녀에게
You	should have lied	to her.

3.

그들이	이곳에 있었음에 틀림없다
They	must have been here.

should have p.p. : ~ 했어야 한다

1.

너는	도착했어야만 해 이곳에	30분 전에
You	should have arrived here	30 minutes ago.

2.

너는	공부를 했어야만 해	더 열심히
You	should have studied	harder.

3.

그들은	만들었어야 한다	그들의 아이들을	그들 스스로 일을 다루도록
They	should have made	their children	deal with the task on their own.

need not have p.p. : ~ 할 필요 없었다

1.

너는	사줄 필요가 없었어	내게	새 컴퓨터를
You	need not have bought	me	a new computer.

2.

그녀는	도와줄 필요가 없었다	그녀의 친구들을
She	need not have helped	her friends.

3.

그는	찾을 필요가 없었다	그의 옛날 사진을
He	need not have found	his old photo.

can not have p.p : ~였(했)을리 없다

1.

그는	도와주었을 리가 없다	그녀를	행복해 지도록
He	can not have helped	her	(to) be happy.

2.

그녀는	말했을 리가 없다	그가 그녀를 그리워 했다고
She	can not have said	(that) he missed her.

3.

너는	있었을 리가 없다	그 곳에
You	can not have been	there.

Chapter 06 수동태

90p
1. A new car was made by her.
2. The most expensive item was created by them.
3. Her father is called "Fa" by her.
4. You will be seen by me soon.
5. The old have been helped by her since she was young.
6. My new project is being done by me.
7. The building has been built for 3 years by them.
8. More copies are needed by them.
9. They can be eaten by her.
10. You were being seen by him.
11. Many apples have been eaten by her.
12. He will be found by me.

91p
13. Soccer was played by him.
14. That book is loved by her.
15. That car was used by us.
16. He is being seen by me.
17. A puppy was bought by them.
18. He was called Jack by them.
19. He was told to go out by me.
20. The song is sung by me.
21. The cup was thrown into the air by her.
22. The window was broken by him.
23. The letter is written by you.
24. This movie has been watched before by her.

92p
25. The candle was lit by him to alter the mood.
26. A new movie is being made by them.
27. A novel has been written by her for over 10 years.
28. Attention should be paid to the need of the people by the members of the team.

29. Someone was looked for by the girl on the beach.

30. The car used to be used by her mother for commuting.

31. Many orphans were being taken care of by her.

32. Help from the police was needed by the man on the road.

33. The style was added to the necessity by them.

34. The needle and thread were replaced by the sewing machine.

35. The dog should be found by you.

36. All books from the bookshelf were read by her.

※ 다음을 영작하여라.

1. It is said that she was brave.

2. It is believed that the story is true.

3. Friendship is considered the most valuable thing.

4. It is thought that it was used usefully.

5.

그녀는	허락되지 않는다	쇼핑몰에 강아지와 함께 들어가는 것이
She	is not allowed	to go into the shopping mall with a dog.

6.

그들은	가르침을 받았다	어려움에 처한 사람들을 돕도록
They	were taught	to help the people in need.

7.

나는	말을 들었다	그녀와 연락하지 말라고
I	was told	not to contact her.

8.

그 동물들은	죽임을 당했다	사람들의 욕심에 의해
The animals	were killed	by the people's greed.

9.

그녀는	취급받는다	아이처럼
She	is treated	like a child.

10.

새로운 증거가	발견되어오고 있다	과학자들에 의해
New evidence	has been found	by the scientists.

11.

그들은	부상을 당했다	그 공격으로부터
They	were wounded	by the attack.

12.

그들은	사랑받았다	많은 젊은 여성들로부터
They	were loved	by many young women.

13.

그녀는	보여졌다	그 남자를 돕는 것이
She	was seen	to help the man.

14.

그 팀은	이끌어 졌다	John에 의해
The team	was led	by John.

15.

많은 발명품들이	만들어 졌다	우리의 편의를 위해
Many inventions	were made	for our convenience.

16.

그 아이들은	보살펴 져야 한다	좋은 부모에 의해
The children	should be taken care of	by good parents.

17.

그 학교의 학생들이	초대 될 것이다	그 파티에
Students of the school	will be invited	to the party.

18.

그 기계는	설계 되었다	대한민국의 과학자들에 의해
The machine	was designed	by Korean scientists.

19.

그녀의 사진이	찍히고 있는 중이다	축제에서
Her picture	is being taken	in the festival.

20.

남대문은	고쳐져 오고 있다	유명한 장인들에 의해
Nam dea moon	has been fixed	by famous master craftsmen.

21.

정부의 강 개발 사업은	중지 되어야 한다
Government's river-development business	should be stopped.

22.

그 강아지는	알려져 왔다	평화의 상징으로
The puppy	has been known	as the symbol of peace.

23.

창문이	깨어졌다	누군가에 의해	어젯밤에
The window	was broken	by someone	last night.

24.

동물들은	보호되어야만 한다	우리에 의해
Animals	should be protected	by us.

25.

그 음식은	만들어 졌다	내 어머니에 의해
The food	was made	by my mother.

26.

그 그림은	보관되어오고 있다	그 박물관 안에
The painting	has been kept	in the museum.

Chapter 07 to부정사

100p

1.

매일 아침에 뛰는 것은	건강에 좋다
To run every morning	is good for health.

2.

너와 함께 있는 것이	내 꿈이다
To be with you	is my dream.

3.

행복한 것은	많은 것을 갖는 것이 아니다
To be happy	is not to have many things.

4.

열심히 공부하는 것은	너의 미래를 위한 것이다
To study hard	is something for your future.

5.

불쌍한 아이들을 돕는 것은	필요하다	건강한 사회를 위해
To help poor children	is necessary	for the sound society.

6.

그녀와 함께 노는 것은	만들었다	나를	기쁘게
To play with her	made	me	happy.

7.

환경을 위해 작은 것을 하는 것은	어렵지 않다
To do small things for environment	is not difficult.

8.

아기들을 돌보는 것이	내 직업이다
To take care of babies	is my job.

9.

학생에게 영어를 가르치는 것은	중요하다
To teach students English	is important.

10.

돈을 적절하게 사용하는 것은	필요하다
To spend money properly	is necessary.

11.

매일 운동하는 것은	만든다	너를	더 건강하게
To exercise everyday	makes	you	healthier.

12.

매일 낮잠을 30분씩 자는 것은	줄 것이다	너에게	더 많은 에너지를
To take a nap for 30 minutes every day	will give	you	more energy.

13.

그와 그녀가 결혼하도록 도와주는 것은	매우 의미 있다
To help him marry her	is very meaningful.

14.

내 일은	아이들이 안전하게 학교에 가도록 돕는 것이다
My job	is to help children (to) go to school safely.

15.

나는	원한다	왜 그녀가 떠났는지 알기를
I	want	to know why she left.

16.

그녀는	약속했다	다시는 그를 만나지 않는 것을
She	promised	not to meet him again.

17.

그는	행복한 듯 보인다
He	seems to be happy.

18.

그들은	동의했다	그를 가게 놔두는 것에
They	agreed	to let him go.

19.

그 지역의 사람들은	기대했다	그 장소를 유명한 곳으로 만드는 것을
The people of the area	expected	to make the place a famous site.

20.

그는	좋아했다	다른 사람들을 돕는 것을
He	liked	to help others.

21.

나는	원했다	내 부모님에게	내 생각을 존중해 주기를
I	wanted	my parents	to respect my thought.

22.

그들은	기대했다	나에게	울기를
They	expected	me	to cry.

23.

그는	거절했다	새로운 프로젝트를 시작하는 것을
He	refused	to start a new project.

24.

그들은	원했다	그들의 아이들에게	공부를 열심히 하는 것을
They	wanted	their children	to study hard.

25.

그녀의 친구들은	동의했다	어려움에 처한 사람들을 돕는 것을
Her friends	agreed	to help people in need.

26.

가난한 사람들을 돕는 것은	세상을 더 행복한 곳으로 만드는 것이다
To help poor people	is to make a world happier place.

27.

그녀를 찾기 위해서	우리는 모든 것을 했다.
To find her	we did everything.

28.

우리는	그 프로젝트를 시작해야 한다	그의 뜻을 지속해 나가기 위해
We	have to start the project	to continue his will.

29.

그를 행복하게 만들기 위해	그녀는 주었다 그에게	커피 한 잔을	매일
To make him happy	she gave him	a cup of coffee	everyday.

30.

그 의사는 특별한 약이 필요했다	그 환자를 치료하기 위해
The doctor needed special medicine	to heal the patient.

31.

그에게 도움을 주기 위해서	나는 거짓말을 했다 그녀에게
To help him	I lied to her.

32.

그 시험에 통과하기 위해서	우리는 거절했다	콘서트에 가는 것을
To pass the test	we refused	to go to the concert.

33.

그녀는	원했다	몇 곡의 노래를 부르기를	우리를 즐겁게 하기 위해서
She	wanted	to sing a few songs	to entertain us.

34.

세차하기 위해서	그녀는	필요로 했다	동전들을
To wash the car	she	needed	coins.

35.

그녀의 사랑을 얻기 위해서	그는	심지어 그녀의 집에 갔다	매일 아침
To get her love	he	even went to her house	every morning.

36.

정각에 도착하기 위해서	나는 택시를 타야만 했다
To arrive on time	I had to take a taxi.

37.

그녀를 그 클럽에 들어가는 것을 허락하기 위해서	그녀의 부모님은	원했다	그녀에게	더 열심히 공부하는 것을
To allow her to join the club	her parents	wanted	her	to study harder.

38.

새로운 선생님은	원했다	학생들에게	서로 싸우지 않는 것을	더 즐거운 학교생활을 만들기 위해
The new teacher	wanted	students	not to fight each other	to make more pleasant school life.

39.

그녀를 행복하게 만들기 위한 파티는	Marry에 의해 창조되었다
The party to make her happy	was created by Marry.

40.

아이들을 돕기 위한 계획은	성공적이었다
The plan to help the children	was successful.

41. There are many ways to protect the environment.

42.

새로운 소설을 쓰기위한 자료들이	수집되었다
Materials to write a new novel	were collected.

43.

그녀를 찾기위한 방법들은	실패했다
The ways to find her	failed.

44.

나는	가지고 있지 않다	함께 놀 친구를
I	don't have	a friend to play with.

45.

나는	샀다	읽을 책들을
I	bought	books to read.

46.

그들은	원했다	마실 무언가를
They	wanted	something to drink.

47.

그녀는	가지고 있지 않았다	살 집을
She	didn't have	a house to live in.

48.

그녀는	말했다	내게	그녀는 필요하다고 기댈 누군가가
She	told	me	(that) she needed someone to lean on.

49.

나는	알고 있었다	그녀를 구하기 위한 방법들을
I	knew	the ways to rescue her.

50.

공부를 하기 위한 시간은	아주 중요하다
The time to study	is very important.

51.

그녀는	알고 있었다	그가 먹을 무언가를 사올 것이란 것을
She	knew	(that) he would buy something to eat.

52.

그를 노래하도록 도와줄 누군가는	곧 이 곳에 올 것이다
Someone to help him (to) sing	will come here soon.

가주어 / 진주어

53.

어렵다	영어를 공부하는 것이
It is hard	to study English.

54.

가능하다	그녀를 도와주는 것이
It is possible	to help her.

55.

당연하다	그에게 있어	새로운 충고를 주는 것이
It is natural	for him	to give new advice.

56.

친절하다	너에게 있어	가난한 친구들을 돕는 것이
It is kind	of you	to help poor friends.

57.

현명하다	그에게 있어	어머니의 말씀을 듣는 것이
It is wise	of him	to listen to his mother.

58.

불가능 하다	그들에게 있어	그 차를 사는 것이
It is impossible	for them	to buy the car.

가목적어 / 진목적어

59.

그는	생각한다	좋다고	그녀를 위해 새로운 집을 지어주는 것을
He	thinks	it good	to build a new house for her.

60.

그들은	믿었다	규칙으로	매일 아침 조깅하는 것을
They	believed	it a rule	to jog every morning.

61.

그들은	발견했다	불가능 하다고	그녀를 찾아내는 것을
They	found	it impossible	to find her.

62.

그 여자는	생각했다	어렵다고	적절한 방법을 떠올리는 것을
The woman	thought	it hard	to come up with a proper method.

63.

그들은	여기고 있다	아름답다고	많은 나무들을 언덕에 심는 것을
They	consider	it beautiful	to plant many trees on the hill.

64.

그 여자는	생각했다	현명하다고	그를 떠나는 것을
The woman	thought	it wise	to leave him.

to부정사 종합

65.

나는	행복하다	너를 다시 보게 되어서
I	am happy	to see you again.

66.

그는	슬펐다	그가 혼자 남겨졌다는 것을 알게 되어서
He	was sad	to know (that) he was left alone.

67.

그와 함께 노는 것은	매우 재미있다
To play with him	is very fun.

68.

나는	원한다	그를 공부하도록 돕는 것을
I	want	to help him (to)study.

69.

어려운 친구를 돕는 것은	좋은 것이다
To help a friend in need	is a good thing.

70.

내 소원은	새로운 자동차를 사는 것이다
My wish	is to buy a new car.

71.

그녀를 도와주기 위해서	우리는	많은 것을 참아야 했다
To help her	we	had to endure many things.

72. There are books to read on the shelf.

73.

창문을 열어놓고 자는 것은	좋지 않다
To sleep with window open	is not good.

74.

재미있는 소설을 쓰기 위해서	그는 방문했다 많은 도시들을
To write an interesting novel	he visited many cities.

75.

나는 공원에 가곤했다	친구들과 점심을 먹으러
I would go to the park	to have lunch with friends.

76.

보는 것이	믿는 것이다
To see	is to believe.

77.

그녀는 준비했다	그들을 행복하게 만들어줄 파티를
She prepared	a party to make them happy.

78.

그들에게 보내기 위해	우리는 많은 옷을 모았다
To send to them	we gathered a lot of clothes.

79.

그에게 진실을 말하기 위해	나는 달려갔다 그의 집으로
To tell him the truth	I ran to his house.

80.

매일 아침을 먹는 것은	좋다	너의 건강에
To have breakfast every morning	is good	for your health.

81.

그녀를 좋은 학생으로 만들기 위한 계획이	준비 되었다
The plan to make her a good student	is ready.

82.

이 캠프에 참가하는 것은	필수적이다
To join this camp	is necessary.

83.

그녀의 도움에 감사하기 위해	나는 편지를 썼다
To thank for her help	I wrote a letter.

84.

그들은	기대했다	그녀에게	그들이 새 차를 사는 것을 허락하도록
They	expected	her	to allow them to buy a new car.

85.

그녀는	알기를 원했다	어떻게 그들이 그녀를 아는지
She	wanted to know	how they knew her.

86.

그들의 꿈은	세상을 평화로운 곳으로 만드는 것이다
Their dream	is to make the world a peaceful place.

87.

그 비행기를 날게 만드는 것은	우리의 목표이다
To make the plane fly	is our goal.

88.

그들은 많은 돈을 투자했다	그를 최고의 우주비행사로 만들기 위해
They invested a lot of money	to make him the best astronaut.

89.

매일 긍정적으로 생각하는 것은	필수적이다	네 인생에서 성공하기 위해
To think positively everyday	is necessary	to succeed in your life.

90.

그들과 함께 휴가를 보내기 위해	나는 유럽으로 갔다
To have a vacation with them	I went to Europe.

91.

이번 방학동안 내 목표는	내 영어실력을 향상시키는 것이다
My goal during this vacation	is to improve my English skills.

92.

가난한 사람들을 돕기 위해	우리는 콘서트를 준비했다
To help the poor people	we prepared a concert.

93.

그녀는	놀랐다	그녀가 그의 딸이라는 것을 알고서
She	was surprised	to know (that) she was his daughter.

94.

그에게 새 옷을 사주기 위해서	그녀는 그녀의 머리카락을 팔았다
To buy him new clothes	she sold her hair.

95.

불가능 하다	전화를 수업 중에 사용하는 것이
It is impossible	to use a phone in the class.

96.

우리는 강으로 갔다	강을 청소하기 위해서
We went to the river	to clean up the river.

97.

그녀는	기대했다	그녀의 딸에게	그녀의 최선을 다하도록
She	expected	her daughter	to do her best.

98.

그들의 삶을 구하는 것은	우리의 삶을 구하는 것이다
To save their lives	is to save ours(our lives).

<too~ toV> 너무 ~하다 V하기에는, 너무 ~해서 V할 수 없다

99.

그는 너무 뚱뚱하다	그 훌라후프를 사용하기에는
He is too fat	to use the hula hoop.

100.

너는 너무 어리다	그 팀에 들어가기에는
You are too young	to join the team.

101.

그녀는 너무 슬펐다	노래를 부르기에는
She was too sad	to sing a song.

102.

그 컴퓨터는 너무 느렸다	그 정보를 처리하기에는
The computer was too slow	to process the information.

103.

그는 너무 가난했다	그녀와 결혼하기에는
He was too poor	to marry her.

104.

그 가게의 제품들은 너무 비싸다	나에게 있어	사용하기에는
The products in the store are too expensive	for me	to use.

105.

그녀의 미소는 너무 아름답다	나에게 있어	무시하기에는
Her smile is too beautiful	for me	to ignore.

<~enough toV> 충분하게 ~하다 V할 만큼 <enough N toV 충분한 N ~V할 만큼>

106.

그는 충분하게 빨리 뛰었다	그 기차를 잡을 만큼
He ran fast enough	to catch the train.

107.

그녀는 충분하게 똑똑하다	그 문제를 풀 만큼
She is smart enough	to solve the problem.

108.

그들은 충분한 돈을 가지고 있다	새로운 차를 살 만큼
They have enough money	to buy a new car.

109.

그들은 충분하게 열심히 노력했다	성공할 만큼
They tried hard enough	to succeed.

110.

그들의 아이들은 충분하게 키가 크다	농구팀에 들어갈 만큼
Their children are tall enough	to join the basketball team.

111.

우리 선생님은 충분히 잘생겼다	많은 연애편지를 받을 만큼
Our teacher is handsome enough	to get many love letters.

be동사+ toV : 예정, 의도, 의무, 결과, 운명 등을 의미함

112.

나는	그들을 만나기로 되어 있다	내일 아침에
I	am to meet them	tomorrow morning.

113.

그는	다시는 보이지 않았다
He	was never to be seen again.

114.

그들의 친구들은	도와야한다	이 지역의 아이들에게	많은 책을 읽도록
Their friends	are to help	the children in this area	(to) read many books.

to부정사의 다양한 형태

115.

그는	선생님이였던 듯 보인다
He	seems to have been a teacher.

116.

그녀는	너를 사랑했던 듯 보여
She	seems to have loved you.

117.

올바르게 취급받는 다는 것은	너의 자존심을 지키는 것이다
To be treated properly	is to keep your self-esteem.

118.

그녀는	수학을 공부하고 있는 듯 보인다
She	seems to be studying math.

Chapter 08 분사

1.

울고 있는 아이는	내 남동생이다
The crying child	is my brother.

2.

지루해 하는 사람들은	필요했다	TV sets를
Bored people	needed	TV sets.

3.

그에 의해 그려진 그림은	매우 아름답다
The picture drawn by him	is very beautiful.

4.

파티에 초대된 사람들은	오지 않았다
The people invited to the party	didn't come.

5.

그는	가지고 있다	그의 아버지에 의해 주어진 컴퓨터를
He	has	a computer given by his father.

6.

누군가에 의해 깨어진 창문은	아직 고쳐지지 않았다
The window broken by someone	isn't fixed yet

7.

도로 위를 달리고 있는 차들은	너무 빠르다
The cars running on the road	are too fast.

8.

나는	만났다	성냥을 팔고 있는 소녀를
I	met	a girl selling matches.

9.

그의 아들을 찾고 있는 남자는	매우 피곤했다
The man looking for his son	was very tired.

10.

강에서 아이들을 구하고 있는 남자는	나의 아버지였다
The man saving the children form the river	was my father.

11.

선생님에 의해 주어진 수학문제는	너무 어려웠다
The math problem given by the teacher	was too difficult.

12.

그는	만들었다	많은 사람들에 의해 사용되는 자동차를
He	made	a car used by many people.

13.

이 호텔에 머물고 있는 사람들은	생각했다	그들은 필요하다고	도구를 가진 사람이
The people staying in this hotel	thought	(that) they needed	a person having a tool.

14.

사람들을 행복하게 해주기 위해 만들어진 컴퓨터는	때로는 해를 준다
A computer made to make people happy	sometimes does harm.

15.

모두에게 사랑받는 강아지는	좋아한다	공을 가지고 놀기를
A puppy loved by everyone	likes	to play with a ball.

16.

그녀는 생각했다	그 돈을 가지고 있는 사람은	오지 않을 거라고
She thought	(that)the person having the money	would not come.

17.

그 회사에 의해 만들어진 제품들은	허락해준다	우리에게	쉽게 면도를 하는 것을
The products made by the company	allow	us	to shave easily.

18.

어머니에 의해 준비된 음식은	아주 맛있었다
The food prepared by mother	was very delicious.

19.

자동차를 운전하고 있는 남자는	병원으로 가는 중이다
The man driving a car	is going to the hospital.

20.

문을 열고 있는 사람은	이 가게의 주인이다
The man opening the door	is the owner of this store.

21.

학습장애를 가지고 있는 아이들을 돕기 위해서	많은 인내심이 필수적이다
To help children having learning disorder	a lot of patience is necessary.

22.

그를 돕고 있는 사람들은	최고이다	이 분야에서
The people helping him	are the best	in this field.

23.

이 집을 짓고 있는 회사는	많은 좋은 일을 한다
The company building this house	does many good things.

24.

그녀의 강아지를 보고 있는 남자는	키가 매우 크다
The man looking at her puppy	is very tall.

25.

좋은 아이디어를 가진 사람들은	도와주어야만 한다	그를
The people having good ideas	should help	him.

26.

그는 필요했다	쉽게 사용되는 장비가
He needed	a device used easily.

27.

그들을 도와주기 위해 만들어진 조직은	하고 있다	많은 좋은 일을
The organization made to help them	is doing	many good things.

28.

직업이 없는 사람들은	필요하다	목표를 갖는 것이
The people having no job	need	to have a goal.

29.

너를 찾고 있던 남자는	만들었다	우리에게	그를 돕도록
The man looking for you	made	us	help him.

30.

그는	주었다	내게	그들에 의해 디자인 된 부채를
He	gave	me	a fan designed by them.

31.

나는	잃어버렸다	내 삼촌에 의해 주어진 닌텐도를
I	lost	Nintendo given by my uncle.

32.

침입자들에 의해 파괴된 성은	다시는 복원되지 못했다
The castle destroyed by the invaders	was never restored again.

33.

바람에 의해 작동되는 배는	대체되었다	증기에 의해 작동되는 것에 의해
The ship powered by wind	was replaced	by the one powered by steam.

34.

많은 사람들에 의해 사랑받는 소녀는	곧 좋은 일을 할 것이다
The girl loved by many people	will do a good thing soon.

35.

우리는 알고 있다	그들에 의해 발견된 물건들이	옮겨질 것이란 것을 박물관으로
We know	(that) the things discovered by them	will be moved into the museum.

36.

그는 말했다	그가 가지고 있다고	그녀에 의해 쓰여진 편지들을
He said	that he had	the letters written by her.

37.

그녀에 의해 사용되었던 물건들은	더 이상 의미가 없었다
The things used by her	were meaningless any more.

38.

미신을 믿는 사람들은	종종 간다 그 점쟁이에게	그들의 미래를 알아보기 위해
The people believing in superstition	often go to the fortuneteller	to see their future.

39.

해변에 앉아있던 남자는	바라보았다	어두운 하늘을
The man sitting on the beach	looked at	the dark sky.

40.

그는	만들었다	많은 학생들에 의해 사용되는 연필을
He	made	a pencil used by many students.

41.

그녀는	보았다	많은 개들에 의해 쫓기는 고양이를
She	saw	a cat chased by many dogs.

42.

그에 의해 요리된 음식들은	매우 맛있다
The foods cooked by him	are very delicious.

43.

그녀는	가지고 있다	그녀의 아버지에 의해 만들어진 장난감들을
She	has	toys made by her father.

44.

너는	보호해야만 한다	사람들에 의해 위협받는 동물들을
You	should protect	animals threatened by people.

45.

그 조직의 멤버들은	노력하고 있다	물에 의해 작동되는 자동차를 만드는 것을
The members of the organization	are trying	to make a car powered by water.

46.

나는	보았다	갈색 눈을 가진 소녀를	해변에서
I	saw	a girl having brown eyes	on the beach.

47.

그의 손에 의해 잡힌 물고기들은	너무 작았다	먹히기에는
The fish caught by his hands	were too small	to be eaten.

48.

그녀는	도와주었다	누군가에 의해 버려진 강아지를
She	helped	a puppy abandoned by someone.

49.

그에 의해 쓰여진 소설은	아주 흥미롭다
The novel written by him	is very interesting.

50.

녹색 나무 아래에서	그녀는 읽고 있었다	그의 회사에 의해 출판된 시를
Under the green tree	she was reading	a poem published by his company.

51.

그들은	주었다	그 아이들에게	네 개의 발을 가진 인형을
They	gave	the children	a doll having four legs.

52.

차를 가지고 있지 않은 사람들은	어렵다	이 곳에 살기가
The people not having a car	are hard	to live here.

Chapter 09 동명사

1.

공부를 열심히 하는 것은	네 미래를 위한 것이다
Studying hard	is something for your future.

2.

이 소파는	다른 곳으로 옮겨질 필요가 있다
This sofa	needs moving to another place.

3.

그녀를 돕기 위해 새로운 계획을 세우는 것은	필수적이다
Setting a new plan to help her	is necessary.

4.

가난한 아이들이 공부하도록 돕는 것은	의미한다	동등한 기회를 그들에게 주는 것을
Helping poor children (to) study	means	giving them equal opportunity.

5.

불공평한 것들을 하는 것은	비겁하다
Doing unfair things	is cowardly.

6.

내 직업은	동물들을 보호하는 것이다
My job	is protecting animals.

7.

영어를 공부하는 것은	쉽지 않다
Studying English	is not easy.

8.

새로운 책을 쓰는 것은	요구한다	많은 시간과 노력을
Writing a new book	requires	a lot of time and effort.

9.

토요일 오후마다 친구들과 야구를 하는 것은	내 일상이었다
Playing baseball with friends every Saturday afternoon	was my routine.

10.

나는	즐겼다	그들에게 영어로 말하는 법을 가르치는 것을
I	enjoyed	teaching them how to speak English.

11.

나의 꿈은	너와 함께 영원히 있는 것이다
My dream	is being with you forever.

12.

매일 저녁 테라스에서 커피를 마시는 것은	아주 아름다운 것 이었다
Drinking a cup of coffee on the terrace every evening	was so beautiful thing.

13.

그와 함께 노래를 하는 것은	만들었다	나를	행복하게
Singing with him	made	me	happy.

14.

나는	그만두었다	그가 컴퓨터 게임하도록 허락하는 것을
I	stopped	allowing him to play computer games.

15.

그녀는	연습했다	아름다운 도시의 풍경을 그리는 것을
She	practiced	drawing a beautiful scenery of the city.

16.

그녀는	끝마쳤다	그녀의 물건을 새 집으로 옮기는 것을
She	finished	carrying her stuff into the new house.

17.

많은 사람들에 의해 보여진다는 것은	만든다	나를	최선을 다하도록
Being seen by many people	makes	me	do my best.

18.

그들과 함께 시간을 보내는 것은	주었다	나에게	용기를
Spending time with them	gave	me	courage.

19.

나는	그를 무시하지 않을 수 없었다
I	could not help ignoring him.

20.

집에 도착하자마자	나는	그에게 전화를 걸었다
On arriving home	I	called him.

21.

나는	자고 싶다
I	feel like sleeping.

22.

그 일은	시도해 볼 만한 가치가 있다
The work	is worth trying.

23.

나는	매우 바쁘다	콘서트를 준비하느라
I	am very busy	preparing a concert.

24.

나는	기대하고 있다	그녀와 에버랜드 가는 것을
I	look forward to	going to Everland with her.

25.

그녀는	어려움을 겪었다	그녀의 꿈을 이루는데에
She	had difficulty	making her dream come true.

26.

그녀는	많은 시간을 썼다	그녀의 아이들을 돌보는 데에
She	spent a lot of time	taking care of her children.

27.

그들은	반대했다	그들의 마을에 새로운 발전소를 짓는 것을
They	objected to	building a new power plant in their town.

28.

우리는	막아야 한다	그를	불공평한 일들을 하는 것으로부터
We	should stop	him	from doing unfair things.

29.

그녀는	익숙했다	혼자서 식사하는 것에
She	was used to	having a meal alone.

having p.p ~했던 것

30.

그를 성공하도록 도와주었던 것은	행복이었다	내 인생의
Having helped him (to)succeed	was happiness	in my life.

31.

그 영화를 보았던 것은	만들었다	나를	새로운 사람으로
Having watched the movie	made	me	a new person.

32.

지난해 내 최고의 경험은	그녀를 만났던 것이다
My best experience last year	was having met her.

33.

미래를 위해 저축했던 것은	가능하게 해주었다	우리에게	새 집을 사는 것을
Having saved money for the future	enabled	us	to buy a new house.

34.

그들에게 수학을 가르쳤던 것은	주었다	그들에게	정확성을
Having taught them math	gave	them	accuracy.

being p.p.: ~된 것 (수동태 동명사)

35.

그는	싫어했다	아이로 여겨지는 것을
He	hated	being considered a child.

36.

그는 알고 있었다	그들에 의해 도움을 받는 것은 좋다고
He knew	(that) being helped by them was good.

37.

그녀는	연기했다	그 회사로부터 정보를 제공받는 것을
She	delayed	being informed by the company.

38.

쉽게 버려진다는 것은	의미한다	중요성을 갖지 않은 것을
Being easily abandoned	means	not having importnace.

39.

그녀는	그만두고 싶었다	사람들에 의해 평가받는 것을
She	wanted to stop	being assessed by people.

의미상 주어 : one's Ving or 목적격 Ving

40.

그가 이 인형을 만드는 것은	도와준다	이 병원의 아이들을	웃도록
His making this doll	helps	children in this hospital	(to)laugh

41.

그녀는	싫어했다	그가 무례한 것을
She	hated	his being rude.

not Ving: ~하지 않는 것

42.

그녀가 다른 이에게 친절하지 않는 것은	나쁜 영향을 주었다	이 식당의 매출에
Her not being kind to others	had a bad effect	on sales in this restaurant.

43.

꿈을 갖지 않는 것은	만든다	너를	네 자신을 사랑하지 않도록
Not haveing a dream	makes	you	not love yourself.

Chapter 10 관계대명사

1. whose
2. who(m) or that
3. which or that
4. that
5. whose
6. 생략불가(주격관계대명사 단독)
7. 생략가능(목적격관계대명사)
8. 생략가능(주격관계대명사+Be동사)
9. which (전치사 뒤에 that 불가능)
10. which (콤마 뒤에 that 불가능)
11. She saw the dog whose fur is white.
12. You need a plan which(that) should be made for your future.
13. You should quit smoking which(that) is bad for your health.
14. She has many books whose covers are very colorful.
15. The car which(that) she likes is very fast.
16. Someone broke my window which(that) he installed.
17. The dog whose fur is black is so cute.
18. I know the man who(that) has many girl friends.
19. You found the ring which(that) was made of gold.
20. He caught the balloon which(that) children wanted to catch.
21. He and his dog that I see everyday are good friends.
22. I use the computer everyday which (that) I bought last year.
23. You have to solve the problem which(that) he caused.
24. The car which(that) I love is so cute.
25. She saw the monster which(that) looked like a wolf.

관계대명사 연습 1

한국어	주어부	동사	나머지
ex) 내가 공원에서 만났던 소녀는 / 입고 있었다 / 내가 사준 드레스를	The girl who you met at the park	was wearing	the dress you bought.
1. 우리가 해야만 하는 작업은 / 만들어 졌다 / 그를 돕는 한 남자에 의해	The work which[that] we have to do	was made	by a man who[that] helps him.
2. 그들이 만들고 있는 자동차는 / 가지게 될 것이다 / 태양력(solar power)에 의해 작동되는(run) 시스템을	The car which[that] they are making	will have	the system which[that] is run by solar power.
3. 음식을 찾고 있던(look for) 고양이는 / 보았다 / 소시지(sausage)를 그것의 입(mouth)에 가지고 있던 개를	The cat which[that] was looking for food	saw	the dog which[that] had sausage in its mouth.
4. 그가 사랑했던 여자는 / 떠났다 / 그가 방문(visit)할 수 없는 곳으로	The woman who[that] he loved	left	for the place which[that] he could not visit.
5. 그들이 복원(restore)하고 있는 건물은 / 파괴 되었다 / 총으로 무장한(armed with guns) 침입자들에 의해	The building which[that] they are restoring	was destroyed	by invaders who[that] were armed with guns.
6. 그녀를 만났던 한 사람은 / 가지고 있었다 / 그녀의 아버지가 찾고 (look for)있는 것을	A person who[that] met her	had	the thing which[that] her father was looking for.
7. 그 설계사(designer)가 제안(propose)한 계획은 / 거절 되었다 (reject) / 그들이 해결 (solve)할 수 없는 문제 때문에	The plan which[that] the designer proposed	was rejected	because of the problem which[that] they could not solve.
8. 그 회사가 만들고 있는 기기는 / 만들 수 있다 / 우리가 만들길 원하는 미래를	The device which[that] the company is making	can make	the future which[that] we want to make.
9. 많은 사람들이 만들어낸 성공은 / 달성될 수 있었다(achieve) / 그들이 포기(give up)하지 않은 신념 때문에	The success which[that] many people made	could be achieved	thanks to the faith which[that] they didn't give up.

관계대명사 연습 2

ex) 내가 보고싶던 영화는 The movie you want to see	준비되었다 was prepared	환경을 걱정하는 사람들에 의해 by people who care about the environment.	
1. 그가 보고 싶어하는 소녀는 The girl **who[that] he wants to see**	딸(daughter)이다 is a daughter	그의 부모(parents)가 선생님들인 **whose parents are teacher(s)**.	
2. 그들이 갖고 싶은 차는 The car **which[that] they want to have**	만들어졌다 was made	우리가 사용하는 시스템에 의해 by the system **which[that] we use**.	
3. 그 개에 의해 쫓기던 고양이는 The cat **which[that] was chased by the dog**	놀라게 했다(surprised) surprised	집 앞에서 자고 있던 개를 the dog **which[that] was sleeping in front of the house**.	
4. 그들이 사랑했던 여자는 The woman **who[that] they loved**	찾고 있었다(look for) was looking for	신선한 공기(fresh air)를 가지고 있는 장소를 the place **which[that] had fresh air**.	
5. 그에 의해 설계된(designed) 건물은 The building **which[that] was designed by him**	유명했다 was famous for	그 사람들에 의해 만들어진 조명으로 lighting **which[that] was made by the people**.	
6. 우리가 필요한 사람은 A person **who[that] we need**	가지고 있다 has	그 문제를 해결하는데 우리가 필요한 것을 the thing **which[that] we need to solve the problem**.	
7. 그 설계사(designer)가 제안한 계획은 The plan **which[that] the designer proposed**	가지고 있었다 had	우리를 고통스럽게 만드는(make us painful) 문제를 the problem **which[that] made us painful**.	
8. 우리가 쓰고 있던 기기는 The device **which[that] we were using**	만들어졌다 was made	많은 사람들이 가지고 있던 욕구에 의해 by the desire **which[that] a many people had**.	
9. 우리를 편하게 만드는 성공은 The success **which[that] makes us comfortable**	방문한다(visit) visits	끝없이 노력하는(try endlessly) 사람을 the person **who[that] tries endlessly**.	

관계대명사 연습 3

ex) 그녀가 만났었던 남자는 The man she met	알고 싶었다 wanted to know	그녀가 만났었던 사람들에 대해 about the people whom she had met.	
1. 그가 읽고 있는 책은 The book **which[that] he is reading**	쓰여졌다.(be written) **was written**	그의 아내가 간호사인 Mr. Lee에 의해 by Mr. Lee **whose wife is a nurse**.	
2. 그들이 만드는 제품들은 Products **which[that] they are making**	제공한다.(offer) **offer**	우리가 원하는 기능을 the function **which[that] we want**.	
3. 경찰에 의해 쫓기던 범죄자는 The criminal **who[that] was chased by police**	잡혔다.(catch) **was caught**	집 앞에서 담배 피우던(smoke) 노인에 의해 by the old man **who[that] was smoking in front of the house**.	
4. 그들이 만났던 땅 주인은 The land owner **who[that] they met**	찾고 있었다.(look for) **was looking for**	멋진 귀를(ears) 가지고 있는 토끼를 the rabbit **which[that] had great ears**.	
5. 풍선을 가지고 있는 아이는 The child **who[that] has a balloon**	책임이 있다.(be responsible) **is responsible**	사람들이 겪고 있는 불편에 for the inconvenience **which[that] people are experiencing**.	
6. 우리가 필요한 도구는 The tool **which[that] we need**	만족시킬 것이다.(satisfy) **will satisfy**	많은 사람들이 가지고 있는 욕구를 the need **which[that] many people have**.	
7. 그녀가 준비한(prepare) 음식은 The food **which[that] she prepared**	나에게 생각나게 했다.(remind) **reminded** me	내가 살았었던 집에 대해 of the house **which[that] I lived in**.	
8. 그가 발명한(invent) 기기는 The device **which[that] he invented**	우리에게 허용해(allow) 줄 것이다 **will allow** us	전에는 우리가 상상(imagine)할 수 없던 속도를 the speed **which[that] we couldn't imagine before**.	
9. 다른 사람에 대해 신경쓰는(care about)사람은 The person **who[that] cares about others**	가지고 있다 **has**	많은 사람을 품어안을 수 있는(embrace) 마음을 the mind **which[that] can embrace many people**.	

관계대명사

1.

그를 사랑하고 있던 소녀는	생각했다	그가 그녀를 떠날 것이라고
The girl who[that] loved him	thought	(that) he would leave her.

2.

그 자동차를 샀던 손님은	불평했다	그 차의 속도에 대해
The customer who[that] bought the car	complained	about the car's speed.

3.

나는	알고 있다	너를 찾고 있던 남자를
I	know	the man who[that] was looking for you.

4.

그녀를 도와주기 위해	그 기계를 사용할 수 있는 사람들이	모였다
To help her	the people who[that] could use the machine	gathered.

5.

그 컴퓨터를 만든 사람들은	열심히 노력하는 과학자들이다
The people who[that] made the computer	are hardworking scientists.

6.

그것을 개발할 수 있는 사람들은	도와주고 있다	이 지역의 농부들을
The people who[that] can develop it	are helping	the farmers in this area.

7.

나는	사랑한다	아름다운 마음을 가진 소녀를
I	love	the girl who[that] has beautiful mind.

8.

그녀는	그녀의 모든 학생들을 사랑하는 선생님이다
She	is a teacher who[that] loves all of her students.

9.

그녀는	만들었다	공부를 열심히 하는 학생들을	더 좋은 성적을 받을 수 있도록
She	made	the students who[that] study hard	get better grades.

10.

그 팀의 리더는	도와주었다	어제 팀에 들어온 멤버를
The leader of the team	helped	the member who[that] joined the team yesterday.

11.

그녀는	허락해 준다	운동장에서 축구를 하고 싶어하는 어린이들을	안전하게 그것을 하도록
She	allows	the children who[that] want to play soccer on the playground	to do it safely.

12.

자유를 올바르게 사용할 수 있는 사람들이	만들 수 있다	멋진 미래를
People who[that] can use freedom properly	can make	a great future.

13.

너를 찾고 있던 남자는	키가 매우 컸다
The man who[that] was looking for you	was very tall.

14.

이 영화를 보고 싶어하는 많은 사람들은	십대들이다
Many people who[that] want to watch this movie	are teenagers.

15.

외국에서 공부하고 싶어하는 사람들의 숫자가	증가하고 있다
The number of people who[that] want to study abroad	is increasing.

16.

너는	필요하다	너를 도와줄 수 있는 누군가
You	need	someone who[that] can help you.

17.

그녀는	만났다	너를 사랑했던 남자를
She	met	the man who[that] loved you.

18.

좋은 기억력을 가진 물고기는	기억할 수 있다	무언가를	24시간 동안
A fish which[that] has good memory	can remember	something	for 24 hours.

19.

그녀와 나는	생각했다	우리가 어제 도와주었던 소녀에 대해
She and I	thought	about the girl who(m)[that] we helped yesterday.

20.

거리에서 성냥을 팔고 있던 소녀는	필요했다	따뜻한 곳이
The girl who[that] was selling matches on the street	needed	a warm place.

21.

그들의 미래에 대해 알고 싶어하는 사람들은	종종 방문한다	점쟁이들을
People who[that] want to know about their future	often visit	fortunetellers.

22.

담배를 피우고, 술을 마시며, 운동을 하지 않는 사람들은	신경써야 한다	그들의 건강을
People who[that] smoke, drink alcohol and don't exercise	should care about	their health.

23.

그들에게 편지를 썼던 사람들은	이곳에 산다
People who[that] wrote a letter to them	live here.

24.

나는	찾고 있다	그 일을 완벽하게 할 수 있는 사람을
I	am looking for	a person who[that] can do the job perfectly.

25.

네가 봤던 그 남자는	가지고 있다	아주 큰 집을
The man who(m)[that] you saw	has	a very big house.

26.

우리가 찾고 있는 그 아이는	머물렀다	이 호텔에
The child who(m)[that] we are looking for	stayed	in this hotel.

27.

나는	만난적이 있다	네가 사랑했던 소녀를
I	have met	the girl who(m)[that] you loved

28.

우리가 어제 만든 계획은	곧 시작될 것이다
The plan which[that] we made yesterday	is about to be started.

29.

아버지께서 내게 사주신 MP3는	매우 좋다
The MP3 which[that] my father bought for me	is very good.

30.

그녀는	허락해 주었다	그녀가 돕고 있던 아이들을	그와 함께 소풍가도록
She	allowed	the children who(m)[that] she was helping	to go on a picnic with him.

31.

내가 그녀와 함께 지었던 집은	매우 아름다웠다
The house which[that] I built with her	was very beautiful.

32.

그들이 창조한 세계는	보호해 주었다	도움이 필요한 아이들을
The world which[that] they created	protected	children who[that] needed help.

33.

그들은	노력했다	그들의 조상이 지은 궁전을 찾는 것을
They	tried	to find the palace which[that] their ancestor built.

34.

그녀가 나를 위해 만들어준 커피가	가장 맛있었다
Coffee which[that] she made for me	was most delicious.

35.

내가 그 곳에서 만났던 소녀는	후에 내 아내가 되었다
The girl who[that] I met there	later became my wife.

36.

나는	알고 있다	그녀가 찾고 있던 책을
I	know	the book which[that] she was looking for.

37.

내가 가지고 놀던 테디베어는	그녀에게 주어졌다
The Teddy bear which[that] I played with	was given to her.

38.

우리가 이번 여름에 수확한 옥수수는	매우 크고 맛있다
Corn which[that] we harvested this summer	is very big and delicious.

39.

그녀를 돕기위해 우리가 만들었던 휠체어는	이제 도와주고 있다	많은 장애인들을
The wheel chair which[that] we made to help her	is now helping	many handicapped people.

40.

그가 내게 빌려준 복사기는	작동하지 않는다
The copying machine which[that] he lent me	doesn't work.

41.

우리가 그린 그림은	전시되었다	그 박물관에
A picture which[that] we painted	was displayed	in the museum.

42.

새로운 삶을 살기 위해	우리는	필요했다	현명한 사람이 해주는 조언이
To live a new life	we	needed	advice which[that] a wise man gave.

43.

습관을 끊는 다는 것은	의미한다	우리가 새로운 관점으로부터 만든 계획을 실천하는 것을
Kicking the habit	means	practicing the plan which[that] we made from a new view.

44.

그가 내게 빌려준 자전거는	매우 빠르게 달릴 수 있다
The bicycle which[that] he lent me	can run very fast.

45.

내가 지난 주말 그 곳에서 만났던 학생들은	영어를 배우고 싶어했다	나로 부터
The students who(m)[that] I met there last weekend	wanted to learn English	from me.

46.

그녀가 기르는 강아지 들은	모두 데려와 졌다	길에서
The poppies which[that] she raises	were all brought	from streets.

47.

그 회사가 만들고 있는 자동차들은	모두 수출된다
The cars which[that] the company is making	are all exported.

48.

그가 5년동안 써오고 있는 책들은	모두 출판되기로 되어있다
The books which[that] he has written for 5 years	are all supposed to be published.

49.

그녀가 썼던 모자는	팔렸다	그녀를 매우 많이 사랑했던 한 팬에게
The hat which[that] she wore	was sold	to a fan who[that] loved her very much.

소유격 관계대명사

50.

그것의 귀가 큰 강아지는	그녀의 것이다
A puppy whose ears are big	is hers.

51.

역할 모델은	그의 행동을 우리가 따라하는 어떤 사람이다
A role model	is someone whose behavior we follow.

52.

그것의 문이 다섯 개인 자동차는	매우 멋있다
A car whose doors are five	is very cool.

53.

그의 꿈이 큰 사람은	더 많이 노력해야한다	다른 사람들보다
A person whose dream is big	should try more	than others.

54.

그의 노래를 우리가 사랑하는 한 가수는	가지고 있다	아름다운 목소리를
A singer whose song we love	has	beautiful voice.

55.

그것의 방이 큰 집은	수용할 수 있다	30명의 사람들을
A house whose room is big	can accommodate	30 people.

56.

그녀의 눈이 큰 소녀는	사랑했다	그의 눈이 작은 한 소년을
A girl whose eyes are big	loved	a boy whose eyes are small.

57.

그의 팔이 긴 원숭이는	나무에 매달릴 수 있다
A monkey whose arms are long	can hang on a tree.

58.

그것의 창문이 큰 집은	제공한다	아름다운 풍경을
A house whose windows are big	offers	beautiful scenary.

59.

우리는	구해야만 한다	그들의 생명이 위험에 처한 동물들을
We	should save	animals whose lives are in danger.

60.

그의 목소리를 우리가 좋아하는 남자배우는	연극을 한다	우리 아버지께서 만드신 무대 위에서
An actor whose voice we like	performs in a play	on the stage which[that] my father made.

61.

그녀는	만들었다	그것의 머리가 큰 인형을	웃도록	사람들이 그것을 안을 때에
She	made	a doll whose head is big	laugh	when people hug it.

62.

그녀는	가르쳤다	그들의 꿈이 의사가 되는 것인 아이들에게	어떻게 사람들을 돕는지를
She	taught	children whose dream is to be a doctor	how to help people.

관계대명사 what

1. What happened to me / is strange.
   내게 일어났던 것은 / 이상하다

2. I / don't understand / what you said.
   나는 / 이해 할 수 없다 / 네가 말했던 것을

3. What made me happy / was her effort.
   나를 행복하게 만들었던 것은 / 그녀의 노력이었다

4. He / taught/ me / what I should do / when I was in trouble.
   그는 / 가르쳐주었다 / 나에게/ 내가 해야만 하는 것을 / 내가 어려움에 처했을 때

5. What looks like a happiness now / can harm you / in the future.
   지금 행복처럼 보이는 것은 / 너에게 해가 될 수 있다 / 미래에

6. What makes me think about her love / is the accident.
   내가 그녀의 사랑에 대해 생각하게 만드는 것은 / 그 사고이다

7. The play we watched yesterday / is what made us different people.
   우리가 어제 보았던 연극은 / 우리를 다른 사람으로 만들어준 것이다

8. You / should find out / what happened here.
   너는 / 알아내야만 한다 / 여기서 일어났던 것을

9. What you think about now / is what you should practice later.
   네가 지금 생각하고 있는 것은 / 네가 나중에 실천해야 하는 것이다

140p ▶ 1.

네가 지금 해야만 하는 것은	네 미래를 준비하는 것이다
What you have to do now	**is to prepare your future.**

2.

어제 내게 일어났던 것은	만들었다	나에게	그녀에 대해 생각하도록
What happened to me yesterday	**made**	**me**	**think about her.**

3.

내가 그를 위해 할 수 있는 것은	아무것도 없다
What I can do for him	**is nothing.**

4.

그는	말해주었다	내게	내가 해야만 하는 것을
He	**told**	**me**	**what I should do.**

5.

아름다워 보이는 것은	의미한다	사랑을
What looks beautiful	**means**	**love.**

6.

너는	말할 수 있다	네게 일어났던 것을
You	**can say**	**what happened to you.**

7.

나를 새로운 사람으로 만들어 준 것은	그녀의 사랑이었다
What made me a new person	was her love.

8.

그는	일깨워 주었다	우리에게	우리가 해야만 하는 것을
He	reminded	us	of what we should do.

9.

네가 사기를 원하는 것은	쓸모없는 것이다
What you want to buy	is a useless thing.

10.

지난 밤 나를 겁먹게 만든 것은	강한 바람과 천둥이었다
What scared me last night	was strong wind and thunder.

11.

우리가 환경을 보존하기 위해 해야만 하는 것은	작은 것부터 실천하는 것이다
What we should do to conserve environment	is to practice from small things.

12.

네가 그에게 했던 것은	만들었다	그를	화나도록
What you did to him	made	him	angry.

13.

네가 너의 영어 실력을 향상시키기 위해 해야만 하는 것은	오직 연습이다
What you should do to improve your English skills	is only practice.

전치사+관계대명사 / ,(comma) 관계대명사

1. There are two boys, both of whom have a bike.
   두 명이 소년이 있다,(그리고) 그 둘 모두 자전거를 가지고 있다.

2. They built a house / in which they can live happily.
   그들은 집을 만들었다 / 그 안에서 그들이 행복하게 살 수 있는

3. We have a big toy / by which many people take a picture.
   우리는 큰 인형을 가지고 있다 / 그 옆에서 많은 사람들이 사진을 찍을 수 있는

4. The man (to whom she writes many letters) / will visit her soon.
   (그에게 그녀가 많은 편지를 쓰는) 남자는 / 그녀를 곧 방문할 것이다

5. We have a large swimming pool / in which you can swim.
   우리는 큰 수영장이 있다 / 그 안에서 네가 수영할 수 있는

6. They can use the car / in which they have a good time.

   그들은 그 차를 사용할 수 있다 / 그 안에서 그들이 좋은 시간을 보낼 수 있는

7. There is a hill / over which a beautiful cloud is.

   언덕이 있다 / 그 너머에 아름다운 구름이 있는

8. We should conserve environment / in which we live.

   우리는 환경을 보존해야만 한다 / 그 안에서 우리가 사는

9. The book (from which we can learn many things) / will be published.

   (그것으로부터 우리가 많은 것을 배울 수 있는)책은 / 출판될 것이다

10. He created many useful things / with which we can live easily.

    그는 많은 유용한 것들을 만들었다 / 그것을 가지고 우리가 쉽게 살아갈 수 있는

11. There is a person / without whom we can't do anything.

    사람이 있다 / 그 없이는 우리가 아무것도 할 수 없는

12. The building (in which we can treat many things) / is very tall.

    (그 안에서 우리가 많은 것들을 해결할 수 있는) 건물은 / 매우 높다

143p

1.

그와 함께 우리가 재미있는 시간을 보낼 수 있는 남자는	곧 올 것이다
The man with whom we can have a good time	**will come soon.**

2.

그것으로부터 우리가 많은 정보를 얻을 수 있는 영화는	그에 의해 만들어 졌다
The movie from which we can get a lot of information	**was made by him.**

3.

그 것 까지 자동차가 달릴 수 있는 속도는	60km/h 이다
The speed at which a car can run	**is 60Km/h.**

4.

그는 많은 책을 가지고 있는데	,그것으로부터 그는 사는 법을 배웠다
He has many books	**,from which he learned how to live.**

5.

이 도시에는 많은 빌딩들이 있고	,그것으로부터 우리는 그늘을 얻을 수 있다
There are many buildings in this city	**,from which we can get shade.**

6.

그것에게 우리가 많은 노력을 쏟은 프로젝트는	거절 되었다
A project in which we put a loft of effort	**was rejected.**

7.

그것에 의해 우리가 그녀를 도울 수 있는 원칙은	그에 의해 개발되었다
A principle by which we can help her	was developed by him.

8.

우리는 환경을 파괴하고 있는데	,그것 없이는 우리가 살 수 없다
We are destroying environment	,without which we can't live.

9.

그녀는 두 명의 아들을 가지고 있고	, 그들 둘 다 의사이다
She has two sons	, both of whom are doctors.

10.

그녀는 그녀의 딸을 그에게 소개시켜 주었고	, 그와 함께 그녀는 행복하게 살았다
She introduced her daughter to him	, with whom she lived happily.

11.

그 너머에 내 집이 있는 언덕은	매우 가파르다
A hill over which my house lies	is very steep.

12.

그녀는 그를 사랑했고	, 그로부터 그녀는 행복을 느꼈다
She loved him	, from whom she felt happiness.

Chapter 11 관계부사

147p

1. She / found / the castle (where her husband had been).
   그녀는 / 발견했다 / (그녀의 아버지가 갔었던 성을)

2. The man / wanted to know / the way (you made it).
   그 남자는/ 알기를 원했다/ (네가 그것을 성공한) 방식을

3. His father / wanted to find out / the time (when he came).
   그의 아버지는 / 알기를 원했다 / (그가 왔던) 시간을

4. She / can't imagine / the house (where her husband isn't).
   그녀는 / 상상할 수 없다 / (그녀의 남편이 있지 않은) 집을

5. You / should find out / the place (where he lives).
   너는 / 알아내야만 한다 / (그가 살고 있는) 곳을

6. You / know / the way (he solved the problems).
   너는 / 안다 / (그가 문제들을 해결한)방식을

7. She / needs / the reason (why she acted that way.)
   그녀는 / 필요로 한다 / (그녀가 그런 식으로 행동했던) 이유를

8. The factory (where he worked) / is now closed / because of decreased profit.
   (그가 일했던)공장은 / 지금 닫았다 / 감소된 이윤 때문에

9. She / wanted to know / the reason (why he couldn't come here).
   그녀는 / 알기를 원했다 / (그가 여기에 올 수 없었던) 이유를

10. You / should find out / the time (when she usually comes to buy some bread).
    너는 / 알아내야만 한다 / (그녀가 보통 빵을 사기위해 오는) 시간을

148p

1.

그녀가 살았었던 집은	언덕 너머에 있다
The house where she lived	lies over the hill.

2.

그녀는	원했다	그녀가 살았던 집이	예전 그대로 남아있기를
She	wanted	the house where she lived	to remain as it was.

3.

그들은	찾는 중 이었다	그녀가 그를 다시 만나지 않은 이유를
They	were looking for	the reason why she didn't meet him again.

4.

그들이 가난한 아이들을 공부를 잘 할 수 있도록 돕는 방식은	잘못되었다
The way they help poor children (to) study well	is wrong.

5.

그녀가 사랑한 남자가 살던 마을은	사라졌다	댐건설 때문에
The village where the man who(m)[that] she loved lived	disappeared	because of dam construction.

6.

그가 그녀를 보는 순간	그는 그녀와 사랑에 빠졌다
The moment when he saw her	he fell in love with her.

7.

역사적인 장소들이 있는 나라들에서는	사람들이	노력한다	그것들을 관광지로 만드는 것을
In countries where there are historical sites	people	try	to make them tourism attractions.

8.

뜻이 있는 곳에	길이 있다
Where there is a will	there is a way.

9.

해변이 있는 마을들에서는	사람들이	즐긴다	물속에서 노는 것을
In villages where there is a beach	people	enjoy	playing in the water

10.

아이들은	필요하다	그들이 편안함과 안정감을 느낄 수 있는 학교가
Children	need	a school where they can feel comfort and security.

11.

사람들을 섬겨야하는 일꾼들이 일하는 정부는	기능을 잘하지 못하고 있다
The government where workers who[that] should serve people work	doesn't function well.

12.

나는	알 수 없다	그가 당선된 방법을 이번선거에서
I	can't know	the way[how] he was elected in this election.

Chapter 12 복합관계대명사 / 복합관계부사

151p

1. Whoever you are, follow the rule for your health.
   네가 누구이든 간에, 너의 건강을 위해서 규칙을 따라라

2. Whomever you like /can be your friend.
   네가 좋아하는 누구라도 너의 친구가 될 수 있다

3. Whatever you want/ would be done.
   네가 원하는 무엇이든/ 이루어 질 것이다

4. Whatever you want, you should work hard for it.
   네가 무엇을 원하든 간에, 너는 그것을 위해 열심히 노력해야만 한다

5. Whenever he went to the church, he felt her love.
   그가 교회에 갈 때마다, 그는 그녀의 사랑을 느꼈다

6. Whichever you want to have, it'll be yours.
   네가 무엇을 가지고 싶어 하든 간에, 그것은 너의 것이 될 것이다

7. Whenever you walked with your dog, I saw you.
   네가 너의 개와 걸을 때마다, 나는 너를 보았다

8. However tall you are , don't blame people who are short.
   네가 얼마나 키가 크든, 작은 사람들을 비난하지 마라

152p

1.

네가 누구이든 간에,	너는 최선을 다해야 한다	네가 되기를 바라는 사람이 되기 위해
Whoever you are,	**you should do your best**	**to be a person who[that] you want to be.**

2.

네가 갖고 싶은 모든 것은	이 곳에 있다
Whatever you want to have	**is here.**

3.

그녀가 그를 볼 때마다	그녀는	사랑을 느꼈다	그녀의 마음속에
Whenever she saw him	**she**	**felt love**	**in her mind.**

4.

네가 무슨 생각을 하든지,	우선 그녀를 도와라
Whatever you think,	**help her first.**

5.

네가 얼마나 건강한지와 관계없이,	정기검진을 받아라
However healthy you are,	have regular check ups.

6.

네가 어느 것을 고르든지,	너는 그것에 책임을 져야한다
Whichever you choose,	you should be responsible for it.

7.

네가 누구를 찾던지 간에,	너는 먼저 이 양식을 작성해야 한다.
Who(m)ever you look for,	you should fill out this form first.

8.

그것이 얼마나 유용하게 쓰일 지와 관계없이,	그녀는 그것을 무시했다
However usefully it would be used,	she ignored it.

9.

네가 어디를 갈 지와 관계없이,	나는 너와 영원히 함께 하겠다
Wherever you will go,	I'll be with you forever.

10.

우리는 그 아이들을 도와주어야한다	어떤 비용이 들 건지와 관계없이
We should help the children	whatever it will cost.

11.

그녀는 생각했다	그녀가 그를 잊을 수 없을 거라고	그녀가 무슨 짓을 하더라도
She thought	she could not forget him	whatever she would do.

12.

네가 누군가가 되고 싶은지와 관계없이,	너는 우선 공부를 열심히 해야한다
Who(m)ever you want to be,	you should study hard first.

13.

네가 어디로 가고 싶은지와 관계없이	너는 철저하게 준비해야한다
Wherever you want to go	you should prepare thoroughly.

Chapter 13 접속사

등위접속사

154p

1.

그 혹은 다른 누군가가	그것을 해야 한다
He or somone else	should do it.

2.

그녀는 그를 보고싶고,	그와 함께 이야기를 하고 싶고,	그와 좋은 시간을 보내고 싶다
She wants to see him,	(to) talk with him,	and (to) have a good time with him.

3.

그들은 그곳에 가지 않기로 결심했다	그녀가 그것을 원하지 않기 때문에
They decided not to go there	for she didn't want it.

4.

그 마을의 사람들은 새로운 우물을 만들고 싶었다	,그러나 그들은 적절한 도구들을 가지고 있지 않았다
The people of the village wanted to make a new well	,but they didn't have proper tools.

5.

그들은 가능한 한 빨리 이곳에 와야한다	, 혹은 우리와 접촉해야한다
They should come here as soon as possible	,or contact us.

6.

이 세상의 모든 사람들은	적어도 그들이 잘 할 수 있는 것을 하나 가지고 있다	,혹은 그것을 가지려고 노력을 해야 한다
Everyone in this world	at least has one thing which[that] they are good at	,or should try to have it.

종속접속사

155p

1.

비록 그녀가 그를 사랑할 지라도,	그는 더 이상 그녀를 보고 싶지 않았다
Although she loved him,	he didn't want to see her anymore.

2.

그들이 그녀를 보고 있었을 때,	그들은 사랑에 빠졌다
When they saw her,	they fell in love.

3.

이제 그들은 성공했으니까,	그들은 더 큰 목표가 필요하다
Now that they succeeded,	they need bigger goal.

4.

그녀가 이 세상에 사는 한,	그녀는 노력해야 한다	더 좋은 일을 많이 하려는 것을
As long as she lives in this world,	she should try	to do better things a lot.

5.

우리가 새로운 차를 사느니,	우리가 그들에게 그것을 고치게 만드는 것이 좋다
Rather than we buy a new car,	we had better make them fix it.

접속사 종합

1.

그것은 매우 유용하다	우리가 위험에 처해있을 때 뿐 만아니라	우리가 이동할 때에도
It is very useful	not only when we are in danger	but also when we move.

2.

그녀는 그를 찾으려 노력했다	그가 그녀를 찾으려 노력했던 것만큼 많이
She tried to find him	as much as he tried to find her.

3.

그들은 그녀를 찾아내거나	적어도 그녀의 가족을 찾아야한다
They should either find her	or at least find her family.

4.

그는 그녀를 잊지 못한다	그가 그녀를 아직도 사랑하기 때문이 아니라	그가 그녀에게 동정심을 느끼기 때문에
He can't forget her	not because he still loves her	but because he feels sympathy for her.

5.

그 회사의 일꾼들은	열심히 일 할 뿐만 아니라	일을 즐기기도 한다
The workers of the company	not only work hard	but also enjoy the work.

6.

네가 지금 해야 하는 것은	다른 누군가를 위한 것이 아니고	너를 위한 것이다
What you have to do now	is not for someone else	but for you.

7.

그녀는 그와 함께 식사를 하고 싶었다	그녀가 그와 함께 있고 싶어서가 아니라	그녀가 외로웠기 때문에
She wanted to have a meal with him	not because she wanted to be with him	but because she was lonely.

8.

그 배가 아직도 도착하지 않는 이유는	폭풍 때문도	높은 파도 때문도 아니다
The reason why the ship still doesn't arrive	is neither because of a storm	nor because of high waves.

9.

그들은 너무나 배가 고팠다	그래서 그들은 훔쳤다	그 요리사가 구운 빵을
They were so hungry	that they stole	bread which[that] the cook baked.

10.

이 사회는 너무나 삭막하다	그래서 나는 기댈 곳이 없다
This society is so bleak	that I have no place to lean on.

11.

그들은 너무 많은 문제점들을 가지고 있다	그래서 그들은 그것을 해낼 수 없다
They have so many problems	that they can't make it.

12.

그녀는	여배우일 뿐 만 아니라	감독이기도 하다
She	is not only an actress	but also a director.

13.

그 선생님은 칠판에 썼다	학생들이 이해 할 수 있을 만큼 많은 글자를
The teacher wrote on the board	as mamy letters as the students could understand.

14.

그녀가 위험에 처해있을 때	그는 언제나 나타난다
When she is in danger	he always appears.

15.

그녀는 그가 그녀의 아들이란 것을 느꼈기 때문에	그녀는 여기저기 돌아다녔다	그를 찾기 위해서
Because she felt [that] he was her son	she went here and there	to find him.

16.

그들의 부모님은	그들을 사랑할 뿐 만 아니라	그들의 미래에 대해 걱정 한다
Their parents	not only love them	but also are concerned about their future.

17.

그녀는 그 인형이 필요했다	그것을 가지고 놀기 위해서가 아니라	그녀의 마음을 치료하기 위해서
She needed the doll	not to play with it	but to heal her mind.

18.

그녀는 생각했다	만일 그가 그녀에게 사과한다면	그녀가 그를 다시 만나겠다고
She thought	if he apologized to her	she would meet him again.

분사구문

1.

그녀를 보았을 때,	그는 뛰기 시작했다
Seeing her,	he started to run.

2.

내일 비가 온다면,	우리는 소풍을 가지 않을 것이다
It raining tomorrow,	we will not go on a picnic.

3.

그는 기차를 타고 떠났다	내게 미소를 지으면서
He left by train	smiling at me.

4.

그녀는 나를 안아주었다	조용히 흐느끼면서
She hugged me	sobbing quietly.

5.

안도했기 때문에,	그는 잠자리에 들었다
Relieved[Being relieved],	he went to bed.

6.

그의 말로 판단해 보건데,	그것은 사실이 아니다
Judging from his words,	it is not true.

7.

만일 네가 건강해 지기를 원한다면,	아침을 반드시 먹어라
Wanting to becoming healthy,	be sure to have breakfast.

8.

그녀를 카페에서 보았을 때,	그의 심장이 더 빠르게 뛰기 시작했다
Seeing her in the cafe,	his heart started to beat faster.

9.

만일 네가 꿈을 가지고 있다면,	너는 모든 것을 다해야 한다	그것을 이루기 위해
Having a dream,	you should do everything	to achieve it.

10.

내 과거를 비추어 보면,	나는 잘 한 것이 거의 없었다
Reflecting on my past,	I rarely did a good thing.

11.

그녀와 함께 했던 시간을 돌아보면,	난 매우 행복 했었다
Looking back on the time with her,	**I was very happy.**

12.

내 친구들과 나는 좋은 시간을 보냈다	수영장에서 수영을 하면서
I had a good time with my friends	**swimming in the pool.**

13.

그녀가 그것을 할 것이라는 걸 알았기 때문에,	나는 그녀를 막아야만 했다
Knowing [that] she would do that,	**I had to stop her.**

14.

대중 앞에서 연설하는데 문제를 가지고 있었기 때문에,	그는 연습하고 또 연습했다
Having problem giving a speech in public,	**he practiced and practiced.**

15.

경찰에 쫓기고 있었기 때문에,	그는 숨을 곳이 필요했다
Chased[Being chased] by police,	**he needed a place to hide.**

16.

많은 사람들에 의해 선호되기 때문에,	그 차는 매우 비싸다
Preferred[Being preferred] by many people,	**the car is very expensive.**

17.

그 행사를 준비하면서,	우리는 많은 갈등이 있었다
Preparing the event,	**we had many conflicts.**

18.

그녀가 새로운 계획을 시작하는 것을 도울 때,	그는 최선을 다했다	그녀를 위해서가 아니라, 많은 다른 이들을 위해
Helping her (to)start a new plan,	**he did his best**	**not for her but for many other people.**

19.

그가 길을 건너는 것을 보았을 때,	나는 그에게 소리쳤다
Seeing him cross(ing) the street,	**I yelled at him.**

20.

소설을 쓸 충분한 자료를 갖지 못했기 때문에,	나는 아직 쓸 준비가 되지 않았다
Not having enough materials to write a new novel,	**I am not ready to wite yet.**

Chapter 14 가정법

166p

1.

만일 내가 너라면,	난 그것을 하지 않을 거야
If I were you,	I would not do that.

2.

만일 그가 차를 가지고 있다면,	그가 그곳에 언제라도 갈 수 있을 텐데
If he had a car,	he could go there anytime.

3.

만일 그녀가 그를 사랑했었다면,	그녀는 그를 떠나지 않았을 것이다
If she had loved him,	she would not have left him.

4.

만일 그들이 네가 그것을 했다는 것을 알았다면,	그들은 너를 도와주지 않았을 것이다
If they had known that you did it,	they would not have helped you.

5.

그녀는 행동했다	마치 그녀가 모든 것을 알고 있었다는 듯이
She acted	as if she had known everything.

6.

그녀는 행동했다	마치 그녀가 모든 것을 알고 있다는 듯이
She acted	as if she knew everything.

7.

나는 바란다	내가 새였으면 하고
I wish	I were a bird.

167p

8.

그는 바랐다	그녀가 그를 사랑하기를
He wished	she would love him.

9.

그녀는 말한다	마치 그녀가 모든 것을 준비하는 것처럼
She says	as if she prepared everything.

10.

만일 그가 많은 돈을 가지고 있다면,	그는 그 집을 살 수 있을 텐데
If he had much money,	he could buy the house.

11.

나는 바란다	그가 그곳을 방문하지 않았었기를
I wish	he had not visited the place.

12.

만일 우리가 이곳에 있지 않다면	우리는 그들을 도울 수 없을 것이다
If we were not here	we could not help them.

13.

만일 그녀가 그곳에 있지 않았었다면,	그녀는 그와 함께 있었을 것이다
If she had not been there,	she would have been with him.

14.

그 없이는,	우리는 아무것도 할 수 없었을 것이다
Without him	we could not have done anything.

15.

에디슨이 아니었다면	우리는 지금 전구를 갖지 못했을 것이다
But for Edison,	we could not have a light bulb now.

16.

만일 내가 그 선생님을 만나지 않았었다면,	나는 아무것도 할 수 없었을 것이다
If I had not met the teacher,	I could not have done anything.

17.

만일 우리가 시간이 있었다면,	우리는 피지섬에 있을 수 있을 텐데
If we had time,	we could be on Fiji island.

18.

만일 그가 그녀를 도와주지 않았더라면,	그녀는 살아남지 못했을 것이다
If he had not helped her,	she could not have survived.

19.

그녀는 미소 짓고 있었다	마치 그녀는 내가 그곳에 방문할 것을 알고 있었다는 듯
She was smiling	as if she had known (that) I would visit there.

20.

만일 그가 술을 너무 많이 마시지 않았었다면,	그는 그 아파트를 살 수 있었을 것이다
If he had not drunk too much,	he could have bought the apartment.

There is no royal road to learning.

배움에는 왕도가 없다.

과거에 왕은 빠르게 목적지에 갈 수 있는 잘 닦아진 길로 다녔지만, 학습에는 그런 길이 없다는 의미입니다.
끊임없이 읽고, 쓰고, 말하는 방법만이 여러분에게 영어학습의 성공을 가져다 줄 것입니다.
이 책을 끝마친 후에도 꾸준히 영어학습을 해 나가기를 부탁드립니다.